はじめてのパンづくり
あかちゃん、こども、おとなのパン

幸 栄
（ゆきえ）

anonima st.

はじめに

「パン作りってむずかしそう」
「あれこれ道具をそろえないとできないのかな？」
そう思っている方は多いのではないでしょうか。
わたしも最初はそうでした。
パン作りの本を手にし、これならできそうだと思ったけれど、
いざやってみると何だかよくわからないことだらけで、ちんぷんかんぷん。
その時のちんぷんかんぷん、今でもとってもよく覚えています。
失敗と成功を繰り返し、パンを何度も焼くうちに、
もっと簡単で楽しいということをみんなに伝えたくて、
あれこれ試行錯誤を重ねて、今に至ります。

この本では、最小限の材料を基本に使い、
身近な野菜や果物、体にやさしい食材を組み合わせて、
家族みんなでおいしく食べられるパンのレシピをご紹介します。
私が焼いたパンの写真と
同じように作らなくてはいけない、なんてことはないのです。
一番大切なことは、みんなが「このパンおいしいね」って
やさしい笑顔になれることなのですから。
ちょっと形がいびつになっても、それもまたかわいくてたまらない。
ちょっと焦げちゃっても、
「次はもっと上手に〜」と笑いながら食べればそれも楽しい時間。
あなたが誰かを思って作ったパンは、他にない特別な「おいしい」になります。

この本を通して、たくさんの笑顔があちこちの食卓で生まれてくると、
わたしもしあわせです。

幸栄

もくじ

- 3 はじめに
- 6 この本の特徴
- 7 材料について
- 8 道具について

- 10 基本のパンづくり
- 17 パンづくりの時間割
- 79 パンづくりQ&A
- 82 仕上がりいろいろ

18 りんご

りんごの白パン
りんごとクランベリーのパン
りんごといちじくの全粒粉パン

22 バナナ

バナナの白パン
チョコバナナパン
くるみバナナパン

26 さつまいも

さつまいもの白パン
さつまいもと黒糖のパン
さつまいもあんぱん

30 じゃがいも

じゃがいもの白パン
じゃがいもとチーズのパン
じゃがいもとカレーのパン

34 かぼちゃ

かぼちゃの白パン
かぼちゃあんぱん
クリームチーズかぼちゃあんぱん

38 にんじん

にんじんの白パン
にんじんとレモンのパン
にんじんとあんずのパン

42 ほうれん草

ほうれん草の白パン
ほうれん草のごま和えパン
ほうれん草とオリーブのパン

46 **トマトジュース**

トマトジュースの白パン
コーントマトパン
ハーブチーズトマトパン

50 **枝豆**

枝豆の白パン
枝豆とチーズのパン
枝豆と生姜のパン

54 **白練りごま**

白練りごまの白パン
白練りごまベーコンパン
白練りごま桜えびパン

58 **黒練りごま**

黒練りごまの白パン
黒練りごまチョコナッツパン
黒練りごまと甘栗のパン

62 **豆乳**

豆乳の白パン
豆乳塩あんこパン
豆乳とクルミとブルーチーズのパン

66 **きな粉**

きな粉の白パン
ピーナッツきな粉パン
きな粉と金時豆のパン

70 **おから**

おからの白パン
おからとチョコレートのパン
おからのたくあん入りぺたんこパン

74 **レーズン**

レーズンの白パン
レーズンとアーモンドのパン
スパイシーレーズンパン

＊計量の単位は、大さじ1＝15ml、小さじ1＝5mlです。

＊生地の発酵時間は、室温20℃の場合の目安です。生地の状態を見て調整してください。

＊オーブンは電気オーブンでの焼き時間を基本としています。ご使用の機器によって適宜調節してください。

この本の特徴

基本の生地はひとつだけ。

基本的な生地の作り方はひとつだけ。そこに加える材料や最後の仕上げを変えると、まったく違う表情や味わいを持ったパンが生まれます。材料の違いはもちろん、焼く温度を変えるだけでふんわり白パンや、かりっと香ばしいパンにもなります。パン作りが上手になるコツは繰り返し焼いてみること。頭でむずかしく考えるよりも、何度も楽しんで焼くことが上達の近道。あなたの手で、感覚をつかんでくださいね。

ごはんにもおやつにも！

基本となる材料は、粉ときび砂糖と塩とイースト、そして水。シンプルな材料なので、ちいさなあかちゃん、育ちざかりのこども、健康が気になるおとなが食べるのも安心です。卵、バター、油も入らないので、素材のおいしさをしっかりと噛みしめることができますよ。
そこに、野菜や果物たちを加えると、味やうまみの変化が楽しめます。ごはんにもおやつにも活躍する、満足感たっぷりなパンが生まれます。

家族みんなで楽しめるパン

体にやさしい素材で、栄養もたっぷり。そんな材料で焼くシンプルなパンをみんなに味わってもらいたい。手づかみで食べられるようになったばかりのあかちゃんには、野菜や果物を混ぜ込んだふんわりやわらかな白パン、こどもたちにはおやつにもごはんにもおいしいパン、大人にはお酒との相性もいいちょっとお洒落なパン。そんな、それぞれの「おいしい」を想像しながらレシピを作りました。家族みんなで楽しんでください。

材料について

この6つが基本のパンの材料です。
これさえあれば、いつでもパンが作れます。

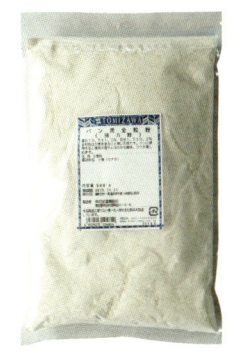

全粒粉

小麦をまるごと挽いた、香ばしさとほのかな酸味を楽しむことのできる小麦粉です。薄力全粒粉を使うとまとまりづらくなることがありますので、強力全粒粉を使うようにしてください。わたしはカナダ産のパン用全粒粉を使っています。

ドライイースト

イーストはたくさんの種類がありますが、この本では予備発酵のいらないインスタントドライイーストを使っています。わたしは、パン屋さんでもよく使われていて、デザインもかわいいフランスのサフ社のイーストを愛用しています。もちろん他のメーカーのものでもOKです。

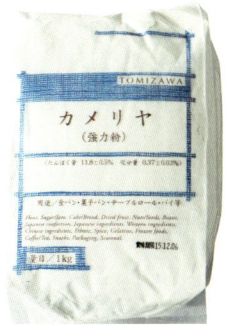

強力粉

パン作りには、たんぱく質の量が多い強力粉を使います。パンをはじめて作る方にもあつかいやすい粉で、どのお店でも購入できる「カメリヤ」を使っています。開封後は空気に触れないように口をとじて、涼しい場所で保管をしてください。

塩

味わいがまろやかなゲランドの塩を使っています。塩はパンの風味の大きな決め手になると言ってもいいくらい大切な材料。強力粉と直接混ぜ合わせるので、粗塩は避けて、粒子の細かい塩を使ってください。

きび砂糖

やさしい甘みでミネラルを多く含むきび砂糖を使っています。少ない材料で作るパンなので、砂糖の味わいもよく感じられます。やさしい甘みのお砂糖を使うと、やわらかな風味のパンになりますよ。

水

水道水を浄水したものを使っています。ミネラルウォーターを使う場合は発酵などが難しくなる場合がありますので、硬水やアルカリイオン水などは避けて、日本の水道水に近い軟水を選ぶようにしてください。

道具について

どの道具も見慣れたものばかりでしょ？
それぞれの道具の役割を説明します。

デジタルスケール

材料を量る時に使います。正確に量れるデジタル式のものを使ってください。1g単位で量れるものでも充分ですが、これを機に新しく買うという方は、0.5g単位で量れるものをおすすめします。

ふきん

生地を発酵させる時、ぬらしてかたくしぼってから、生地の表面が乾かないように、かけて使います。どんな素材でもよいですが、生地に負担がかからないよう軽い布を使うようにしてください。わたしは薄手の綿ふきんを愛用しています。

ボウル

生地作りで粉を混ぜ合わせる時に、直径24cmのボウルを使っています。これくらいの大きさがあると、粉が飛び散らずに使いやすいです。

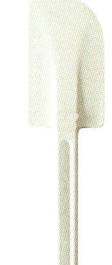

ゴムベラ

生地作りの最初の、粉と水を混ぜ合わせる時に使います。この作業を手でやる方もいらっしゃるかもしれませんが、ゴムベラを使うと手にくっつく生地が少なくて、作業がとってもスムーズです。

オーブンシート

天板の上に敷き、そこにパン生地をのせて使います。使い捨てのものでもよいですが、繰り返し洗って使えるものもあります。わたしの愛用のオーブンシートはもう5年以上使っています。

カード

パン作りでとても便利な道具がこれ。ドレッジとも呼ばれます。ボウルのふちについた粉たちをこそいだり、生地を切ったり、こね板のお掃除にも使えます。やわらかいもの、かたいものと種類はいろいろありますが、自分が使いやすいものを選んでください。

茶こし

パンの仕上げに、生地の表面にまんべんなく粉をふる時に使います。パン用にひとつあると便利です。わたしは100円ショップで買ったものをずっと使っています。

あると便利なもの

はけ
パン生地の表面に豆乳や水を塗る時に使います。洗うのも乾かすのも楽なので、わたしはシリコンタイプのはけを愛用しています。やわらかいパン生地にもちゃんと塗れますのでご安心を。

温度計
水の温度を計る時に使います。わたしは棒状のアルコール温度計を使っていますが、デジタルのものでもよいです。水の温度を計ると、発酵がうまくいくので、出来れば用意して欲しい道具のひとつです。

こね板
パン作りをはじめてまもない頃、どうしても欲しくて買ったこね板。もう10年くらい愛用しています。こねるのはもちろん、分割もベンチタイムもこれがあるととっても便利。56 × 41 ×厚さ1.8（㎝）の木製の板を使っています。

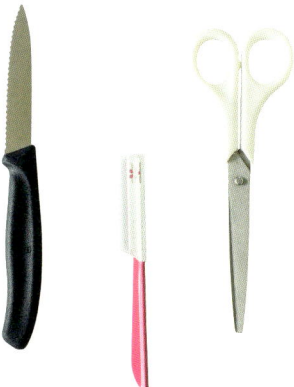

ナイフ、かみそり、はさみ
パン生地を焼く直前、切りこみを入れる時に使います。ナイフは果物ナイフくらい小さめな波刃のものがおすすめ。かみそりはすっと切りやすい安全ガードのついていないものを。はさみは刃が細くて軽い文具用のものがおすすめです。

注ぎ口のあるボウル
水を注ぐ時に便利なボウルで、直径15㎝のものを使っています。このような広口のボウルがあると、水につぶした野菜や練りごまなどを混ぜて使う時もとても便利です。

発酵用容器
わたしが愛用しているのは、100円ショップで見つけた容量1.5ℓのタッパーです。ボウルでもよいですが、この容器のように寸胴なものだと上下の容積が変わらず、発酵の2倍というのがとてもわかりやすいですよね。

計量スプーン
材料を量る時に使うスプーン。大さじ小さじのほかに、小さじ1/2や小さじ1/4もあると、イーストなどを量る時にとても便利です。においがつきにくいステンレス製を使っています。

9

基本のパンづくり
直径6cmくらいの丸パン10個分

これが「基本的な流れ」です。
シンプルなパンを何度か焼いて、
流れを覚えてみてください。
作ってみると、案外単純なものなのです。

材料
強力粉　300g
きび砂糖　20g（大さじ2）
塩　5g（小さじ1）
ドライイースト　2g（小さじ½）
水　185g

作り方
まぜる

強力粉300g、きび砂糖20g、
塩5gを入れて、ゴムベラでよく混ぜたら、

イースト2gを入れてさらに混ぜる。

真ん中にくぼみを作って
水185gを入れ、

粉と水を合わせるように、
ゴムベラでよく混ぜる。

＊水温は、
春→30℃　夏→20℃　秋→25℃　冬→35℃
くらいに調整する。

ゴムベラについた生地を
カードの曲線部分で取り、

ボウルの中で、手で生地をまとめる。

粉っぽさが完全になくなって
べとついてきたら、

ぬれぶきんをかけて 20 分休ませる。

＊暑い日は涼しいところ、寒い日は暖かいところに置く。

こねる

手をきれいに洗い、
ボウルから生地を台に取り出す。
手のはらのあたりを使い、
対面から手前に向けて
生地を少し折りたたみ、

生地を奥に戻すのを繰り返す。
横に細長くなったら90度回し、
これを繰り返す。

＊3〜5分くらいこねる。

生地にべたつきがなくなり、
まとまったらこねあがり。

一次発酵

うすく油をぬった容器に
生地を入れて、
ぬれぶきんをかけて一次発酵させる。

＊3時間程度（室温20℃の場合）

分割

生地が2倍くらいの
大きさになったら完了。

打ち粉を台にふって、
容器から生地をはがし出す。
カードの直線部分を使って、
生地の2/3くらいに切りこみを入れたら、

左右に開いて横1本の棒状にする。

カードでひとつずつ切り分け、
スケールで計りながら10分割にする。
ひとつ50gくらいが目安。

＊正方形に近い形で分割すると、このあと丸めやすい。

ベンチタイム

うすく粉をつけた手のひらに生地をのせ、

利き手で上からなでて、

生地の表面を張らせるように軽く丸める。

生地のうしろはとじずに、
台に間隔をあけて並べ、
ぬれぶきんをかけて 20分 おく。

成形

うすく手に粉をつけながら、
丸め直して、

丸めた下側の生地が集まった部分を、
指でつまんでとじる。

二次発酵

天板に間隔をあけて並べ、
ぬれぶきんをかけて二次発酵。

ひとまわり大きくなれば完了。

＊ひとつの天板に10個並べられない場合は、
2回に分ける。
＊50分程度（室温20℃の場合）

焼く

強力粉(分量外)を茶こしで表面にふり、

ナイフで1本切りこみを入れたら、
210℃に予熱したオーブンで
13～14分焼く。

出来上がり

焼いたパンを保存する場合

完全に冷ましてから、ひとつずつラップでくるみ、保存袋に入れて冷凍してください。冷蔵庫で自然解凍し、表面に軽く霧をふいてトースターで焼くと、おいしく食べることができます。

パンづくりの時間割
室温 20℃の場合

ゆっくりと発酵が進む時間が、パンをおいしくしてくれます。
時間は長いけれど、パン生地にずっとつきっきりでなくても大丈夫。
暮らしの流れに合わせて、のんびりと楽しんで作りましょう。
とある日の時間割をふたつご紹介します。

所要時間（目安）	30分	3時間	30分	1時間	20分	
スタート→	まぜる こねる	一次発酵	分割 ベンチタイム	成形 二次発酵	仕上げ 焼く	→完成！

ここで外出OK！お買い物や家事など済ませます

| おやつにパン 10:00〜 | 10:30〜 | （お部屋の掃除、洗濯、お花のお手入れ） | 13:30〜 | 14:00〜（コーヒーと一緒に読書） | 15:00〜 | **15:30ごろ完成** |
| 夕ごはんにパン 13:00〜 | 13:30〜 | （洗濯ものの片付け、夕ごはんのお買い物へ） | 16:30〜 | 17:00〜（夕ごはんの下ごしらえ） | 18:00〜 | **18:30ごろ完成** |

りんご

一年中お店で見かける、赤くてかわいらしいまんまるりんご。そのままでも、すりおろしても、焼いてもそれぞれのおいしさがありますよね。生地に練りこむすりおろしたりんごは、水分をしっかりしぼるようにしてください。わたしは通年見かけるふじりんごを使ってパンを焼くことが多いです。

りんごの白パン

りんごとクランベリーのパン

りんごといちじくの全粒粉パン

りんご

あかちゃんから
りんごの白パン
12個分

材料
強力粉　300g
きび砂糖　10g（大さじ1）
塩　5g（小さじ1）
ドライイースト　2g（小さじ½）
りんご　正味90g（約小½個）
水＋りんご汁　175g

準備
・りんごはおろし金ですりおろし、よくしぼって、汁と実にわける。
・すりおろしりんごをしぼって出た汁に水を加えて175gにする。そこにりんごの実を入れる。

作り方
まぜる ボウルに強力粉、きび砂糖、塩を入れてゴムベラでよく混ぜ、イーストを入れてさらに混ぜる。真ん中にくぼみを作って、合わせたりんごと水を入れ、粉と水を合わせるようによく混ぜる。ゴムベラについた生地を取り、ボウルの中で生地をまとめる。粉っぽさが完全になくなってべとついてきたら、ぬれぶきんをかける。
　↓ 20分
こねる ボウルから生地を出してこねる。べたつきがなくなり、まとまったらこねあがり。
一次発酵 容器に入れて、ぬれぶきんをかけて一次発酵。
　↓ 3時間 程度（室温20℃の場合）
2倍くらいの大きさになったら完了。
分割 打ち粉を台にふって、生地をはがしだして12分割。
ベンチタイム 軽く丸めて、うしろはとじない。台に並べ、ぬれぶきんをかける。
　↓ 20分
成形 丸め直してうしろをとじる。天板に間隔をあけて並べる。
二次発酵 ぬれぶきんをかけて、ひとまわり大きくなるまで二次発酵。
　↓ 50分 程度（室温20℃の場合）
焼く 強力粉（分量外）をふり、170℃に予熱したオーブンで12〜13分焼く。

こどもから
りんごと
クランベリーのパン
10個分

材料
強力粉　300g
きび砂糖　20g（大さじ2）
塩　5g（小さじ1）
ドライイースト　2g（小さじ½）
水　185g
りんご　正味100g（約 小½個）
クランベリー　50g
きび砂糖（仕上げ用）　適量

準備
・りんごは、包む作業の直前に1cm角くらいに切る。

すこし高いところからふりかける

作り方

まぜる ボウルに強力粉、きび砂糖、塩を入れてゴムベラでよく混ぜ、イーストを入れてさらに混ぜる。
真ん中にくぼみを作って水を入れ、粉と水を合わせるようによく混ぜる。ゴムベラについた生地を取り、ボウルの中で生地をまとめる。粉っぽさが完全になくなってべとついてきたら、ぬれぶきんをかける。

↓ 20分

こねる ボウルから生地を出してこねる。べたつきがなくなり、まとまったらこねあがり。

一次発酵 容器に入れて、ぬれぶきんをかけて一次発酵。

↓ 3時間 程度（室温20℃の場合）

2倍くらいの大きさになったら完了。

分割 打ち粉を台にふって、生地をはがしだして10分割。

ベンチタイム 軽く丸めて、うしろはとじない。台に並べ、ぬれぶきんをかける。

↓ 20分

成形 生地をひっくり返して平らにのばす。りんご10gとクランベリー5gを真ん中にのせる。包んで丸め直したらうしろをとじて、天板に間隔をあけて並べる。

二次発酵 ぬれぶきんをかけて、ひとまわり大きくなるまで二次発酵。

↓ 50分 程度（室温20℃の場合）

焼く 表面にはけで水を塗り、きび砂糖をふりかけ（a）、はさみで十字に切りこみを入れる。
200℃に予熱したオーブンで13～14分焼く。

おとなむけ

りんごと
いちじくの全粒粉パン
10個分

材料
強力粉　270g
全粒粉　30g
きび砂糖　20g（大さじ2）
塩　5g（小さじ1）
ドライイースト　2g（小さじ½）
水　185g
ドライいちじく　100g
りんご　50g（約 小¼個）

準備
・りんごは皮を塩と水でよく洗い、包む作業の直前に皮つきのまま1cm角くらいに切る

・いちじくは6～8等分に切って、小さじ1の水と和えておく。

台の上でやるとよい

左右→上下→斜め対角線の順番で生地をつまんでとじる

作り方

まぜる ボウルに強力粉、全粒粉、きび砂糖、塩を入れてゴムベラでよく混ぜ、イーストを入れてさらに混ぜる。
真ん中にくぼみを作って水を入れ、粉と水を合わせるようによく混ぜる。ゴムベラについた生地を取り、ボウルの中で生地をまとめる。粉っぽさが完全になくなってべとついてきたら、ぬれぶきんをかける。

↓ 20分

こねる ボウルから生地を出してこねる。べたつきがなくなり、まとまったらこねあがり。

一次発酵 容器に入れて、ぬれぶきんをかけて一次発酵。

↓ 3時間 程度（室温20℃の場合）

2倍くらいの大きさになったら完了。

分割 打ち粉を台にふって、生地をはがしだして10分割。

ベンチタイム 軽く丸めて、うしろはとじない。台に並べ、ぬれぶきんをかける。

↓ 20分

成形 生地をひっくり返して平らにのばす。いちじく10gとりんご5g真ん中にのせる（a）。
包んで（b）丸め直したらうしろをとじて、天板に間隔をあけて並べる。

二次発酵 ぬれぶきんをかけて、ひとまわり大きくなるまで二次発酵。

↓ 50分 程度（室温20℃の場合）

焼く 全粒粉（分量外）をふり、ナイフで2本切りこみを入れる。
210℃に予熱したオーブンで13～14分焼く。

バナナ

甘くておいしいバナナ。少食な赤ちゃんでもバナナはよく食べます、という話をよく聞きます。よく熟れたバナナを使うと、バナナの風味がしっかりと出ます。南国の果物を混ぜこむと発酵がすこしゆっくりめになるので、のんびり気長に待ってあげてくださいね。

バナナの白パン

チョコバナナパン

くるみバナナパン

バナナ

あかちゃんから
バナナの白パン
12個分

材料
強力粉　300g
きび砂糖　10g（大さじ1）
塩　5g（小さじ1）
ドライイースト　2g（小さじ½）
バナナ　100g（1〜2本）
水　125g

準備
・バナナは1cm幅に輪切りにする。フライパンで汁気が出てやわらかくなるまで弱火で両面を焼いて（a）、よくつぶして、そのまま冷ます。

作り方

まぜる　ボウルに強力粉、きび砂糖、塩を入れてゴムベラでよく混ぜ、イーストを入れてさらに混ぜる。
真ん中にくぼみを作って、バナナと水を合わせて入れ、粉と水を合わせるようによく混ぜる。ゴムベラについた生地を取り、ボウルの中で生地をまとめる。粉っぽさがなくならずまとまりづらい時は、手にうすく水をつけながらこねる。粉っぽさが完全になくなってべとついてきたら、ぬれぶきんをかける。

↓ 20分

こねる　ボウルから生地を出してこねる。べたつきがなくなり、まとまったらこねあがり。

一次発酵　容器に入れて、ぬれぶきんをかけて一次発酵。

↓ 3時間 程度（室温20℃の場合）

2倍くらいの大きさになったら完了。

分割　打ち粉を台にふって、生地をはがしだして12分割。

ベンチタイム　軽く丸めて、うしろはとじない。台に並べ、ぬれぶきんをかける。

↓ 20分

成形　丸め直してうしろをとじる。天板に間隔をあけて並べる。

二次発酵　ぬれぶきんをかけて、ひとまわり大きくなるまで二次発酵。

↓ 50分 程度（室温20℃の場合）

焼く　表面にはけで豆乳（分量外）を塗り、170℃に予熱したオーブンで12〜13分焼く。

焼くことでバナナの酵素がやわらぎ、甘さも増す。

こどもから
チョコバナナパン
205mlの紙コップで10個分

材料
強力粉　300g
きび砂糖　20g（大さじ2）
塩　5g（小さじ1）
ドライイースト　2g（小さじ½）
水　185g
バナナ　2〜3本
板チョコ　50g（約1枚）

準備
・バナナは2cm幅に輪切りにして、10個用意しておく。

・板チョコは細かく手で割っておく。

・紙コップの大きさに合わせて、オーブンシートを底面の丸と側面の長方形に切って入れておく。

24

作り方

まぜる ボウルに強力粉、きび砂糖、塩を入れてゴムベラでよく混ぜ、イーストを入れてさらに混ぜる。
真ん中にくぼみを作って水を入れ、粉と水を合わせるようによく混ぜる。ゴムベラについた生地を取り、ボウルの中で生地をまとめる。粉っぽさが完全になくなってべとついてきたら、ぬれぶきんをかける。

↓ 20分

こねる ボウルから生地を出してこねる。べたつきがなくなり、まとまったらこねあがり。

一次発酵 容器に入れて、ぬれぶきんをかけて一次発酵。

↓ 3時間 程度（室温20℃の場合）

2倍くらいの大きさになったら完了。

分割 打ち粉を台にふって、生地をはがしだして10分割。

ベンチタイム 軽く丸めて、うしろはとじない。台に並べ、ぬれぶきんをかける。

↓ 20分

成形 生地をひっくり返して平らにのばす。バナナ1個とチョコ5gを真ん中にのせる。
包んで丸め直したらうしろをとじて、とじめが底にくるように紙コップに入れ（a）、天板に並べる。

二次発酵 ぬれぶきんをかけて、ひとまわり大きくなるまで二次発酵。

↓ 50分 程度（室温20℃の場合）

焼く 表面に強力粉（分量外）をふり、200℃に予熱したオーブンで13～14分焼く。

おとなむけ
くるみバナナパン
10個分

材料
強力粉　250g
全粒粉　50g
きび砂糖　20g（大さじ2）
塩　5g（小さじ1）
ドライイースト　2g（小さじ½）
バナナ　100g（1～2本）
水　125g
くるみ　80g

準備
・バナナは1cm幅に輪切りにする。フライパンで汁気が出てやわらかくなるまで弱火で両面を焼いて、よくつぶして、そのまま冷ます。
・80gの中から飾り用くるみを選び、割らずに煎る。その他は小さめに手で割り、香りが出るまでフライパンで煎っておく。

生地を分割すると、具が混ざりやすい。

作り方

まぜる ボウルに強力粉、全粒粉、きび砂糖、塩を入れてゴムベラでよく混ぜ、イーストを入れてさらに混ぜる。
真ん中にくぼみを作って、バナナと水を合わせて入れ、粉と水を合わせるようによく混ぜる。ゴムベラについた生地を取り、ボウルの中で生地をまとめる。粉っぽさが完全になくならずまとまりづらい時は、手にうすく水をつけながらこねる。粉っぽさが完全になくなってべとついてきたら、ぬれぶきんをかける。

↓ 20分

こねる・まぜこむ ボウルから生地を出してこねる。べたつきがなくなり、まとまったらこねあがり。生地を10個に切ってボウルに戻し、割ったくるみを入れてひとまとめにする（a）。

一次発酵 容器に入れて、ぬれぶきんをかけて一次発酵。

↓ 3時間 程度（室温20℃の場合）

2倍くらいの大きさになったら完了。

分割 打ち粉を台にふって、生地をはがしだして10分割。

ベンチタイム 軽く丸めて、うしろはとじない。台に並べ、ぬれぶきんをかける。

↓ 20分

成形 丸め直してうしろをとじる。天板に間隔をあけて並べる。

二次発酵 ぬれぶきんをかけて、ひとまわり大きくなるまで二次発酵。

↓ 50分 程度（室温20℃の場合）

焼く 表面にはけで水を塗り、はさみで1本切りこみを入れてそこに飾り用のくるみをうめこむ。200℃に予熱したオーブンで13～14分焼く。

25

さつまいも

おやつにもおかずにもなる、ほっくり甘いさつまいも。練りこんでも包みこんでも、ほんのり甘くおいしいパンになります。練りこむさつまいもはあつかいやすいように、ふかしたあとは、ラップなどをせずに、そのまま冷ますようにしてくださいね。

さつまいもの白パン

さつまいもと黒糖のパン

さつまいもあんぱん

さつまいも

あかちゃんから
さつまいもの白パン
12個分

材料
強力粉　300g
きび砂糖　10g（大さじ1）
塩　5g（小さじ1）
ドライイースト　2g（小さじ½）
さつまいも（皮をむく）　90g
　　　　　　　　　　　（約小1個）
水　180g

準備
・さつまいもは大きめに切り、すこしかためにふかしてしっかりつぶし、そのまま冷ましておく。

作り方

まぜる　ボウルに強力粉、きび砂糖、塩を入れてゴムベラでよく混ぜ、イーストを入れてさらに混ぜる。
真ん中にくぼみを作って、さつまいもと水を合わせて入れ、粉と水を合わせるようによく混ぜる。ゴムベラについた生地を取り、ボウルの中で生地をまとめる。粉っぽさが完全になくなってべとついてきたら、ぬれぶきんをかける。

↓ 20分

こねる　ボウルから生地を出してこねる。べたつきがなくなり、まとまったらこねあがり。

一次発酵　容器に入れて、ぬれぶきんをかけて一次発酵。

↓ 3時間 程度（室温20℃の場合）

2倍くらいの大きさになったら完了。

分割　打ち粉を台にふって、生地をはがしだして12分割。

ベンチタイム　軽く丸めて、うしろはとじない。台に並べ、ぬれぶきんをかける。

↓ 20分

成形　丸め直してうしろをとじる。天板に間隔をあけて並べる。

二次発酵　ぬれぶきんをかけて、ひとまわり大きくなるまで二次発酵。

↓ 50分 程度（室温20℃の場合）

焼く　強力粉（分量外）をふり、170℃に予熱したオーブンで12〜13分焼く。

こどもから
さつまいもと黒糖のパン
10個分

材料
強力粉　260g
全粒粉　40g
黒糖　30g（大さじ3）
塩　5g（小さじ1）
ドライイースト　2g（小さじ½）
水　180g
さつまいも（皮をむく）　90g
　　　　　　　　　　　（約小1個）
さつまいも（飾り用、皮つき）　10個
黒糖（仕上げ用）　適量

準備
・生地に混ぜこむさつまいもは大きめに切り、すこしかためにふかしてしっかりつぶし、そのまま冷ましておく。飾り用のさつまいもは皮ごと1.5cm大のいちょう切りにしてふかしておく。

ひとさし指を底につくまで深く入れる

具はしっかりとうめこむ

作り方

まぜる ボウルに強力粉、全粒粉、塩を入れてゴムベラでよく混ぜ、イーストを入れてさらに混ぜる。
真ん中にくぼみを作って、さつまいもと黒糖と水を合わせて入れ、粉と水を合わせるようによく混ぜる。ゴムベラについた生地を取り、ボウルの中で生地をまとめる。粉っぽさが完全になくなってべとついてきたら、ぬれぶきんをかける。

↓ 20分

こねる ボウルから生地を出してこねる。べたつきがなくなり、まとまったらこねあがり。

一次発酵 容器に入れて、ぬれぶきんをかけて一次発酵。

↓ 3時間 程度（室温20℃の場合）

2倍くらいの大きさになったら完了。

分割 打ち粉を台にふって、生地をはがしだして10分割。

ベンチタイム 軽く丸めて、うしろはとじない。台に並べ、ぬれぶきんをかける。

↓ 20分

成形 丸め直してうしろをとじる。天板に間隔をあけて並べる。

二次発酵 ぬれぶきんをかけて、ひとまわり大きくなるまで二次発酵。

↓ 50分 程度（室温20℃の場合）

焼く 表面にはけで豆乳（分量外）を塗り、ひとさし指でおへそを作り（a）、おへそにさつまいもをしっかりうめこむ（b）。黒糖をまぶし、200℃に予熱したオーブンで13〜14分焼く。

おとなむけ
さつまいもあんぱん
10個分

材料
強力粉　300g
きび砂糖　20g（大さじ2）
塩　5g（小さじ1）
黒すりごま　大さじ1
ドライイースト　2g（小さじ½）
水　185g
さつまいも（皮をむく）　200g
（約小2個）
きび砂糖（あん用）　20g（大さじ2）
黒煎りごま（仕上げ用）　適量

準備
・さつまいもはふかしたらつぶし、砂糖と混ぜ合わせて10等分にして丸めておく（a）。

作り方

まぜる ボウルに強力粉、きび砂糖、塩、黒すりごまを入れてゴムベラでよく混ぜ、イーストを入れてさらに混ぜる。真ん中にくぼみを作って水を入れ、粉と水を合わせるようによく混ぜる。ゴムベラについた生地を取り、ボウルの中で生地をまとめる。粉っぽさが完全になくなってべとついてきたら、ぬれぶきんをかける。

↓ 20分

こねる ボウルから生地を出してこねる。べたつきがなくなり、まとまったらこねあがり。

一次発酵 容器に入れて、ぬれぶきんをかけて一次発酵。

↓ 3時間 程度（室温20℃の場合）

2倍くらいの大きさになったら完了。

分割 打ち粉を台にふって、生地をはがしだして10分割。

ベンチタイム 軽く丸めて、うしろはとじない。台に並べ、ぬれぶきんをかける。

↓ 20分

成形 生地をひっくり返して平らにのばす。さつまいもあんひとつを真ん中にのせる（a）。包んで丸め直したらうしろをとじて、天板に間隔をあけて並べる。

二次発酵 ぬれぶきんをかけて、ひとまわり大きくなるまで二次発酵。

↓ 50分 程度（室温20℃の場合）

焼く 表面にはけで豆乳（分量外）を塗り、ひとさし指でおへそを作る。黒煎りごまをまぶし、200℃に予熱したオーブンで13〜14分焼く。

じゃがいも

毎日の食卓で大活躍しているじゃがいも。包みこむのももちろんおいしいけれど、生地に練りこんで焼くと、なんとも言えないもっちり感と甘みが生まれます。品種によってじゃがいもの水分量が違うので、大きく切ってからふかして使いましょう。

じゃがいもの白パン

じゃがいもとチーズのパン

じゃがいもとカレーのパン

じゃがいも

あかちゃんから
じゃがいもの白パン
12個分

材料
強力粉　300ｇ
きび砂糖　10ｇ（大さじ1）
塩　5ｇ（小さじ1）
ドライイースト　2ｇ（小さじ½）
じゃがいも（皮をむく）　90ｇ
　　　　　　　　　　（約小2個）
水　180ｇ

準備
・じゃがいもは3cm大目安で大きめにに切ってすこしかためにふかし、しっかりつぶしてそのまま冷ましておく。

作り方
まぜる　ボウルに強力粉、きび砂糖、塩を入れてゴムベラでよく混ぜ、イーストを入れてさらに混ぜる。
真ん中にくぼみを作って、じゃがいもと水を合わせて入れ、粉と水を合わせるようによく混ぜる。ゴムベラについた生地を取り、ボウルの中で生地をまとめる。粉っぽさが完全になくなってべとついてきたら、ぬれぶきんをかける。
　↓ 20分
こねる　ボウルから生地を出してこねる。べたつきがなくなり、まとまったらこねあがり。
一次発酵　容器に入れて、ぬれぶきんをかけて一次発酵。
　↓ 3時間 程度（室温20℃の場合）
2倍くらいの大きさになったら完了。
分割　打ち粉を台にふって、生地をはがしだして12分割。
ベンチタイム　軽く丸めて、うしろはとじない。台に並べ、ぬれぶきんをかける。
　↓ 20分
成形　丸め直してうしろをとじる。天板に間隔をあけて並べる。
二次発酵　ぬれぶきんをかけて、ひとまわり大きくなるまで二次発酵。
　↓ 50分 程度（室温20℃の場合）
焼く　表面にはけで水を塗り、170℃に予熱したオーブンで12～13分焼く。

こどもから
じゃがいもとチーズのパン
10個分

材料
強力粉　270ｇ
全粒粉　30ｇ
きび砂糖　20ｇ（大さじ2）
塩　5ｇ（小さじ1）
ドライパセリ　大さじ1
粉チーズ　大さじ2
ドライイースト　2ｇ（小さじ½）
じゃがいも（皮をむく）　90ｇ
　　　　　　　　　　（約小2個）
水　180ｇ
粉チーズ（仕上げ用）　適量

準備
・じゃがいもは3cm大目安で大きめに切ってすこしかためにふかし、しっかりつぶしてそのまま冷ましておく。

長めに縦1本→右→左と3回にわけて切る

32

作り方

まぜる ボウルに強力粉、全粒粉、きび砂糖、塩、パセリ、粉チーズを入れてゴムベラでよく混ぜ、イーストを入れてさらに混ぜる。

真ん中にくぼみを作って、じゃがいもと水を合わせて入れ、粉と水を合わせるようによく混ぜる。ゴムベラについた生地を取り、ボウルの中で生地をまとめる。粉っぽさが完全になくなってべとついてきたら、ぬれぶきんをかける。

↓ 20分

こねる ボウルから生地を出してこねる。べたつきがなくなり、まとまったらこねあがり。

一次発酵 容器に入れて、ぬれぶきんをかけて一次発酵。

↓ 3時間 程度（室温20℃の場合）

2倍くらいの大きさになったら完了。

分割 打ち粉を台にふって、生地をはがしだして10分割。

ベンチタイム 軽く丸めて、うしろはとじない。台に並べ、ぬれぶきんをかける。

↓ 20分

成形 丸め直してうしろをとじる。天板に間隔をあけて並べる。

二次発酵 ぬれぶきんをかけて、ひとまわり大きくなるまで二次発酵。

↓ 50分 程度（室温20℃の場合）

焼く 表面にはけで水を塗り粉チーズをまぶしたら、はさみで十字に切りこみを入れる（a）。210℃に予熱したオーブンで13～14分焼く。

おとなむけ

じゃがいもとカレーのパン
10個分

材料

強力粉　300ｇ
きび砂糖　20ｇ（大さじ2）
塩　5ｇ（小さじ1）
カレー粉　大さじ1
黒胡椒　小さじ½
ドライイースト　2ｇ（小さじ½）
水　185ｇ
じゃがいも　150ｇ（約小3個）

準備

・じゃがいもは皮ごと1.5cmの角切りにしてふかす。

真ん中に1本、そのあと左→右の順に切る

作り方

まぜる ボウルに強力粉、きび砂糖、塩、カレー粉、黒胡椒を入れてゴムベラでよく混ぜ、イーストを入れてさらに混ぜる。

真ん中にくぼみを作って水を入れ、粉と水を合わせるようによく混ぜる。ゴムベラについた生地を取り、ボウルの中で生地をまとめる。粉っぽさが完全になくなってべとついてきたら、ぬれぶきんをかける。

↓ 20分

こねる ボウルから生地を出してこねる。べたつきがなくなり、まとまったらこねあがり。

一次発酵 容器に入れて、ぬれぶきんをかけて一次発酵。

↓ 3時間 程度（室温20℃の場合）

2倍くらいの大きさになったら完了。

分割 打ち粉を台にふって、生地をはがしだして10分割。

ベンチタイム 軽く丸めて、うしろはとじない。台に並べ、ぬれぶきんをかける。

↓ 20分

成形 生地をひっくり返して平らにのばす。じゃがいも15ｇを真ん中にのせる。包んで丸め直したらうしろをとじて、天板に間隔をあけて並べる。

二次発酵 ぬれぶきんをかけて、ひとまわり大きくなるまで二次発酵。

↓ 50分 程度（室温20℃の場合）

焼く 強力粉（分量外）をふり、ナイフで3本切りこみを入れる（a）。210℃に予熱したオーブンで13～14分焼く。

かぼちゃ

ほくほく、といえばやっぱりかぼちゃなのではないでしょうか？ 黄色が愛らしいパンができあがります。かぼちゃは産地によって野菜の水分量にかなりばらつきがある野菜。つぶした時にしっとりとしたペースト状になるのがちょうどいいです。ぽろぽろになる時は水を足して、水っぽい場合は火にかけてすこし水気を飛ばしてみてくださいね。

かぼちゃの白パン

クリームチーズかぼちゃあんぱん

かぼちゃあんぱん

かぼちゃ

あかちゃんから
かぼちゃの白パン
12個分

材料
強力粉　300 g
きび砂糖　10 g（大さじ1）
塩　5 g（小さじ1）
ドライイースト　2 g（小さじ½）
かぼちゃ　正味 90 g
水　160 g

準備
・かぼちゃは3cm大目安で大きめに切って、すこしかためにふかし、しっかりつぶしてそのまま冷ましておく。

・つぶした時にぱさぱさと乾いたような感じの場合は、水を足し、しっとりとしたペースト状態にする（a）。

a
しっかりつぶしながら状態を見る

作り方
まぜる ボウルに強力粉、きび砂糖、塩を入れてゴムベラでよく混ぜ、イーストを入れてさらに混ぜる。
真ん中にくぼみを作って、かぼちゃと水を合わせて入れ、粉と水を合わせるようによく混ぜる。ゴムベラについた生地を取り、ボウルの中で生地をまとめる。粉っぽさがなくならずまとまりづらい時は、手に水をうすくつけながらこねる。粉っぽさが完全になくなってべとついてきたら、ぬれぶきんをかける。
↓ **20分**
こねる ボウルから生地を出してこねる。べたつきがなくなり、まとまったらこねあがり。
一次発酵 容器に入れて、ぬれぶきんをかけて一次発酵。
↓ **3時間** 程度（室温20℃の場合）
2倍くらいの大きさになったら完了。
分割 打ち粉を台にふって、生地をはがしだして12分割。
ベンチタイム 軽く丸めて、うしろはとじない。台に並べ、ぬれぶきんをかける。
↓ **20分**
成形 丸め直してうしろをとじる。天板に間隔をあけて並べる。
二次発酵 ぬれぶきんをかけて、ひとまわり大きくなるまで二次発酵。
↓ **50分** 程度（室温20℃の場合）
焼く 表面にはけで水を塗り、170℃に予熱したオーブンで12～13分焼く。

こどもから
かぼちゃあんぱん
10個分

材料
強力粉　300 g
きび砂糖　20 g（大さじ2）
塩　5 g（小さじ1）
ドライイースト　2 g（小さじ½）
水　185 g
かぼちゃ　正味 200 g
きび砂糖（あん用）　20 g（大さじ2）

準備
・かぼちゃは3cm大目安で大きめに切って、すこしかためにふかし、しっかりつぶす。あん用のきび砂糖20 gを混ぜて10個に丸めておく。

a

36

作り方

まぜる ボウルに強力粉、きび砂糖、塩を入れてゴムベラでよく混ぜ、イーストを入れてさらに混ぜる。

真ん中にくぼみを作って水を入れ、粉と水を合わせるようによく混ぜる。ゴムベラについた生地を取り、ボウルの中で生地をまとめる。粉っぽさが完全になくなってべとついてきたら、ぬれぶきんをかける。

↓ 20分

こねる ボウルから生地を出してこねる。べたつきがなくなり、まとまったらこねあがり。

一次発酵 容器に入れて、ぬれぶきんをかけて一次発酵。

↓ 3時間 程度（室温20℃の場合）

2倍くらいの大きさになったら完了。

分割 打ち粉を台にふって、生地をはがしだして10分割。

ベンチタイム 軽く丸めて、うしろはとじない。台に並べ、ぬれぶきんをかける。

↓ 20分

成形 生地をひっくり返して平らにのばす。かぼちゃあんひとつを真ん中にのせる。包んで丸め直したら、うしろをとじて、天板に間隔をあけて並べる。

二次発酵 ぬれぶきんをかけて、ひとまわり大きくなるまで二次発酵。

↓ 50分 程度（室温20℃の場合）

焼く 表面にはけで豆乳（分量外）を塗り、まわり6か所にカードで切りこみを入れて花形にする（a）。200℃に予熱したオーブンで13〜14分焼く。

おとなむけ

クリームチーズ
かぼちゃあんぱん
10個分

材料

強力粉　300g
きび砂糖　20g（大さじ2）
塩　5g（小さじ1）
シナモンパウダー　小さじ2
ドライイースト　2g（小さじ½）
水　185g
かぼちゃ　正味100g
きび砂糖（あん用）　10g
　　　　　　　　（大さじ1）
クリームチーズ　100g
かぼちゃ（飾り用、皮つき）　10個

準備

・かぼちゃは3cm大目安で大きめに切って、すこしかためにふかしてつぶす。砂糖と混ぜ合わせて10等分にして丸めておく。クリームチーズは10gずつにわけておく（a）。飾り用のかぼちゃは皮ごと1.5cm角に切りふかしておく。

a

作り方

まぜる ボウルに強力粉、きび砂糖、塩、シナモンパウダーを入れてゴムベラでよく混ぜ、イーストを入れてさらに混ぜる。

真ん中にくぼみを作って水を入れ、粉と水を合わせるようによく混ぜる。ゴムベラについた生地を取り、ボウルの中で生地をまとめる。粉っぽさが完全になくなってべとついてきたら、ぬれぶきんをかける。

↓ 20分

こねる ボウルから生地を出してこねる。べたつきがなくなり、まとまったらこねあがり。

一次発酵 容器に入れて、ぬれぶきんをかけて一次発酵。

↓ 3時間 程度（室温20℃の場合）

2倍くらいの大きさになったら完了。

分割 打ち粉を台にふって、生地をはがしだして10分割。

ベンチタイム 軽く丸めて、うしろはとじない。台に並べ、ぬれぶきんをかける。

↓ 20分

成形 生地をひっくり返して平らにのばす。かぼちゃあんとクリームチーズをひとつずつ真ん中にのせる。包んで丸め直したらうしろをとじて、天板に間隔をあけて並べる。

二次発酵 ぬれぶきんをかけて、ひとまわり大きくなるまで二次発酵。

↓ 50分 程度（室温20℃の場合）

焼く 表面にはけで豆乳（分量外）を塗り、ひとさし指で作ったおへそに飾り用のかぼちゃをしっかりとうめこむ。200℃に予熱したオーブンで13〜14分焼く。

にんじん

にんじんケーキなど、お菓子にもよく使われるにんじん。すりおろしてしぼってみると、こんなに水分があるんだ！と驚くかもしれません。しっかりとかたくしぼって使うようにしてくださいね。かわいらしいにんじん色のパン生地がおいしいおやつパンに大変身。にんじんがちょっと苦手でもおいしく召し上がれますよ。

にんじんの白パン

にんじんとあんずのパン

にんじんとレモンのパン

にんじん

あかちゃんから
にんじんの白パン
12個分

材料
強力粉　300g
きび砂糖　10g（大さじ1）
塩　5g（小さじ1）
ドライイースト　2g（小さじ½）
にんじん（皮をむく）　100g
水＋にんじんのしぼり汁　180g

準備
・にんじんはすりおろしてよくしぼり、汁と実にわける（a）。その汁に水を加えて180gにする。そこににんじんの実を入れる。

作り方
まぜる ボウルに強力粉、きび砂糖、塩を入れてゴムベラでよく混ぜ、イーストを入れてさらに混ぜる。真ん中にくぼみを作って、合わせたにんじんと水を入れ、粉と水を合わせるようによく混ぜる。ゴムベラについた生地を取り、ボウルの中で生地をまとめる。粉っぽさが完全になくなってべとついてきたら、ぬれぶきんをかける。
↓ 20分
こねる ボウルから生地を出してこねる。べたつきがなくなり、まとまったらこねあがり。
一次発酵 容器に入れて、ぬれぶきんをかけて一次発酵。
↓ 3時間 程度（室温20℃の場合）
2倍くらいの大きさになったら完了。
分割 打ち粉を台にふって、生地をはがしだして12分割。
ベンチタイム 軽く丸めて、うしろはとじない。台に並べ、ぬれぶきんをかける。
↓ 20分
成形 丸め直してうしろをとじる。天板に間隔をあけて並べる。
二次発酵 ぬれぶきんをかけて、ひとまわり大きくなるまで二次発酵。
↓ 50分 程度（室温20℃の場合）
焼く 強力粉（分量外）をふり、170℃に予熱したオーブンで12〜13分焼く。

こどもから
にんじんとレモンのパン
10個分

材料
強力粉　300g
きび砂糖　20g（大さじ2）
塩　5g（小さじ1）
ドライイースト　2g（小さじ½）
にんじん（皮をむく）　100g
水＋にんじんのしぼり汁　180g
レモンの皮のみじん切り　適量
A ┌ 粉砂糖　大さじ4
　└ レモン汁　小さじ1

準備
・にんじんはすりおろしてよくしぼり、汁と実にわける。その汁に水を加えて180gにする。そこににんじんの実を入れる。

・Aの材料を合わせて、とろみが出るまでスプーンで練り、アイシングを作る（a）。かたい場合は1滴ずつレモン汁を入れて調整する。

作り方
まぜる ボウルに強力粉、きび砂糖、塩を入れてゴムベラでよく混ぜ、イーストを入れてさらに混ぜる。
真ん中にくぼみを作って、合わせたにんじんと水を入れ、粉と水を合わせるようによく混ぜる。ゴムベラについた生地を取り、ボウルの中で生地をまとめる。粉っぽさが完全になくなってべとついてきたら、ぬれぶきんをかける。
↓ 20分
こねる ボウルから生地を出してこねる。べたつきがなくなり、まとまったらこねあがり。
一次発酵 容器に入れて、ぬれぶきんをかけて一次発酵。
↓ 3時間 程度（室温20℃の場合）
2倍くらいの大きさになったら完了。
分割 打ち粉を台にふって、生地をはがしだして10分割。
ベンチタイム 軽く丸めて、うしろはとじない。台に並べ、ぬれぶきんをかける。
↓ 20分
成形 丸め直してうしろをとじる。天板に間隔をあけて並べる。
二次発酵 ぬれぶきんをかけて、ひとまわり大きくなるまで二次発酵。
↓ 50分 程度（室温20℃の場合）
焼く 表面にはけで水を塗り170℃に予熱したオーブンで13〜14分焼く。パンが冷めたらアイシングをかけて（b）、レモンの皮を飾る。

おとなむけ
にんじんとあんずのパン
10個分

材料
強力粉　300g
きび砂糖　20g（大さじ2）
塩　5g（小さじ1）
ドライイースト　2g（小さじ½）
にんじん（皮をむく）　100g
水＋にんじんのしぼり汁　180g
あんず　100g

準備
・にんじんはすりおろしてよくしぼり、汁と実にわける。その汁に水を加えて180gにする。そこににんじんの実を入れる。
・あんずは8〜10個くらいに小さく切り、水小さじ1と和えておく。

作り方
まぜる ボウルに強力粉、きび砂糖、塩を入れてゴムベラでよく混ぜ、イーストを入れてさらに混ぜる。
真ん中にくぼみを作って、合わせたにんじんと水を入れ、粉と水を合わせるようによく混ぜる。ゴムベラについた生地を取り、ボウルの中で生地をまとめる。粉っぽさが完全になくなってべとついてきたら、ぬれぶきんをかける。
↓ 20分
こねる ボウルから生地を出してこねる。べたつきがなくなり、まとまったらこねあがり。
一次発酵 容器に入れて、ぬれぶきんをかけて一次発酵。
↓ 3時間 程度（室温20℃の場合）
2倍くらいの大きさになったら完了。
分割 打ち粉を台にふって、生地をはがしだして10分割。
ベンチタイム 軽く丸めて、うしろはとじない。台に並べ、ぬれぶきんをかける。
↓ 20分
成形 生地をひっくり返して平らにのばす。あんず10gを真ん中にのせる。包んでから手のひらで平らにして、丸め直してうしろをとじる。天板に間隔をあけて並べる。
二次発酵 ぬれぶきんをかけて、ひとまわり大きくなるまで二次発酵。
↓ 50分 程度（室温20℃の場合）
焼く 表面にはけで水を塗り、はさみで＊字に切りこみを入れる。
200℃に予熱したオーブンで13〜14分焼く。

ほうれん草

ごま和えにして包んだり、フォカッチャのようにしてオリーブと合わせたり……。ほうれん草はちょっと苦手という人もいるかもしれませんが、こういう風にパンに入れて焼くと、くせもなく、不思議とおいしくぱくぱく食べられちゃいます。ゆでたほうれん草をしっかりしぼることをお忘れなく。

ほうれん草の白パン

ほうれん草のごま和えパン

ほうれん草とオリーブのパン

ほうれん草

あかちゃんから
ほうれん草の白パン
12個分

材料
強力粉　300 g
きび砂糖　10 g（大さじ1）
塩　5 g（小さじ1）
ドライイースト　2 g（小さじ½）
ほうれん草（根元は取る）　50 g
水　180 g

準備
・ほうれん草はさっとゆでたらしっかりとしぼり、すりばちですりつぶすか、包丁で細かくたたいておく（a）。

作り方

まぜる　ボウルに強力粉、きび砂糖、塩を入れてゴムベラでよく混ぜ、イーストを入れてさらに混ぜる。
真ん中にくぼみを作って、ほうれん草と水を合わせて入れ、粉と水を合わせるようによく混ぜる。ゴムベラについた生地を取り、ボウルの中で生地をまとめる。粉っぽさが完全になくなってべとついてきたら、ぬれぶきんをかける。

↓ 20分

こねる　ボウルから生地を出してこねる。べたつきがなくなり、まとまったらこねあがり。

一次発酵　容器に入れて、ぬれぶきんをかけて一次発酵。

↓ 3時間 程度（室温20℃の場合）

2倍くらいの大きさになったら完了。

分割　打ち粉を台にふって、生地をはがしだして12分割。

ベンチタイム　軽く丸めて、うしろはとじない。台に並べ、ぬれぶきんをかける。

↓ 20分

成形　丸め直してうしろをとじる。天板に間隔をあけて並べる。

二次発酵　ぬれぶきんをかけて、ひとまわり大きくなるまで二次発酵。

↓ 50分 程度（室温20℃の場合）

焼く　強力粉（分量外）をふり、170℃に予熱したオーブンで12～13分焼く。

こどもから
ほうれん草の
ごま和えパン
10個分

材料
強力粉　270 g
全粒粉　30 g
きび砂糖　20 g（大さじ2）
塩　5 g（小さじ1）
ドライイースト　2 g（小さじ½）
白すりごま　大さじ1
水　185 g
ほうれん草（根元は取り、ゆでてしぼる）　100 g
白煎りごま　小さじ1
おかか　3 g（だいたい小袋ひとつ分）
塩（仕上げ用）　適量

準備
・ほうれん草は1cm程度に切り、かたくしぼってから、白煎りごまとおかかと和えておく（a）。

作り方

まぜる ボウルに強力粉、全粒粉、きび砂糖、塩、白すりごまを入れてゴムベラでよく混ぜ、イーストを入れてさらに混ぜる。
真ん中にくぼみを作って水を入れ、粉と水を合わせるようによく混ぜる。ゴムベラについた生地を取り、ボウルの中で生地をまとめる。粉っぽさが完全になくなりべとついてきたら、ぬれぶきんをかける。

↓ 20分

こねる ボウルから生地を出してこねる。べたつきがなくなり、まとまったらこねあがり。

一次発酵 容器に入れて、ぬれぶきんをかけて一次発酵。

↓ 3時間 程度（室温20℃の場合）

2倍くらいの大きさになったら完了。

分割 打ち粉を台にふって、生地をはがしだして10分割。

ベンチタイム 軽く丸めて、うしろはとじない。台に並べ、ぬれぶきんをかける。

↓ 20分

成形 生地をひっくり返して平らにのばす。ほうれん草を1/10ずつ真ん中にのせる。包んで丸め直したらうしろをとじて、天板に間隔をあけて並べる。

二次発酵 ぬれぶきんをかけて、ひとまわり大きくなるまで二次発酵。

↓ 50分 程度（室温20℃の場合）

焼く 表面にはけで水を塗り、塩をひとつまみまぶしたら、ナイフで1本切りこみを入れる。200℃に予熱したオーブンで13～14分焼く。

おとなむけ

ほうれん草とオリーブのパン
10個分

材料
強力粉　300g
きび砂糖　20g（大さじ2）
塩　5g（小さじ1）
ドライイースト　2g（小さじ1/2）
ほうれん草（根元は取る）　50g
水　180g
青オリーブ　25粒
塩（仕上げ用）　適量

準備
・ほうれん草はさっとゆでてしっかりとしぼり、すりばちですりつぶすか包丁で細かくたたいておく。
・オリーブは半分に切って水気をふいておく。

作り方

まぜる ボウルに強力粉、きび砂糖、塩を入れてゴムベラでよく混ぜ、イーストを入れてさらに混ぜる。
真ん中にくぼみを作って、ほうれん草と水を合わせて入れ、粉と水を合わせるようによく混ぜる。ゴムベラについた生地を取り、ボウルの中で生地をまとめる。粉っぽさが完全になくなりべとついてきたら、ぬれぶきんをかける。

↓ 20分

こねる ボウルから生地を出してこねる。べたつきがなくなり、まとまったらこねあがり。

一次発酵 容器に入れて、ぬれぶきんをかけて一次発酵。

↓ 3時間 程度（室温20℃の場合）

2倍くらいの大きさになったら完了。

分割 打ち粉を台にふって、生地をはがしだして10分割。

ベンチタイム 軽く丸めて、うしろはとじない。台に並べ、ぬれぶきんをかける。

↓ 20分

成形 丸め直してうしろをとじる。天板に間隔をあけて並べる。

二次発酵 ぬれぶきんをかけて、ひとまわり大きくなるまで二次発酵。

↓ 50分 程度（室温20℃の場合）

焼く 表面にはけで水を塗り、塩をひとつまみまぶしたらひとさし指で5つ穴をあけて（a）、オリーブをうめこむ（b）。210℃に予熱したオーブンで13～14分焼く。

トマトジュース

そのまま飲んでもおいしいトマトジュースを水代わりに使ってパンをこねてみてください。ほんのりかわいいピンク色の生地に大変身！ トマトジュースはさらっとしたものがおすすめで、果肉が多いものはザルなどで濾して使うようにしてください。

トマトジュースの白パン

ハーブチーズトマトパン

コーントマトパン

トマトジュース

あかちゃんから
トマトジュースの白パン
12個分

材料
強力粉　300 g
きび砂糖　10 g（大さじ1）
塩　5 g（小さじ1）
ドライイースト　2 g（小さじ½）
トマトジュース　200 g

準備
・果肉の多いトマトジュースは、ざるなどで濾して使う（a）。

作り方
まぜる ボウルに強力粉、きび砂糖、塩を入れてゴムベラでよく混ぜ、イーストを入れてさらに混ぜる。
真ん中にくぼみを作って、トマトジュースを入れ、粉と水分を合わせるようによく混ぜる。ゴムベラについた生地を取り、ボウルの中で生地をまとめる。粉っぽさが完全になくなってべとついてきたら、ぬれぶきんをかける。
↓ 20分
こねる ボウルから生地を出してこねる。べたつきがなくなり、まとまったらこねあがり。
一次発酵 容器に入れて、ぬれぶきんをかけて一次発酵。
↓ 3時間 程度（室温20℃の場合）
2倍くらいの大きさになったら完了。
分割 打ち粉を台にふって、生地をはがしだして12分割。
ベンチタイム 軽く丸めて、うしろはとじない。台に並べ、ぬれぶきんをかける。
↓ 20分
成形 丸め直してうしろをとじる。天板に間隔をあけて並べる。
二次発酵 ぬれぶきんをかけて、ひとまわり大きくなるまで二次発酵。
↓ 50分 程度（室温20℃の場合）
焼く 強力粉（分量外）をふり、170℃に予熱したオーブンで12～13分焼く。

こどもから
コーントマトパン
8個分

材料
強力粉　300 g
きび砂糖　20 g（大さじ2）
塩　5 g（小さじ1）
ドライイースト　2 g（小さじ½）
トマトジュース　195 g
とうもろこし（水気を切った缶詰のもの）　80 g

準備
・果肉の多いトマトジュースは、ざるなどで濾して使う。

・とうもろこしは水気をしっかりとふき取っておく。

作り方
まぜる ボウルに強力粉、きび砂糖、塩を入れてゴムベラでよく混ぜ、イーストを入れてさらに混ぜる。

真ん中にくぼみを作って、トマトジュースを入れ、粉と水分を合わせるようによく混ぜる。ゴムベラについた生地を取り、ボウルの中で生地をまとめる。粉っぽさが完全になくなってべとついてきたら、ぬれぶきんをかける。

↓ 20分

こねる ボウルから生地を出してこねる。べたつきがなくなり、まとまったらこねあがり。生地を10個に切りボウルに戻してとうもろこしを入れてひとまとめにする（a）。

一次発酵 容器に入れて、ぬれぶきんをかけて一次発酵。

↓ 3時間 程度（室温20℃の場合）

2倍くらいの大きさになったら完了。

分割 打ち粉を台にふって、生地をはがしだして8分割。

ベンチタイム 軽く丸めて、うしろはとじない。台に並べ、ぬれぶきんをかける。

↓ 20分

成形 丸め直してうしろをとじる。天板に間隔をあけて並べる。

二次発酵 ぬれぶきんをかけて、ひとまわり大きくなるまで二次発酵。

↓ 50分 程度（室温20℃の場合）

焼く 強力粉（分量外）をふり、はさみで十字に切りこみを入れる。210℃に予熱したオーブンで14〜15分焼く。

おとなむけ
ハーブチーズ
トマトパン
8個分

材料
強力粉　300g
きび砂糖　20g（大さじ2）
塩　5g（小さじ1）
ドライイースト　2g（小さじ½）
トマトジュース　200g
ローズマリーの葉（フレッシュ）　大さじ1分
チーズ　120g

準備
・果肉の多いトマトジュースは、ざるなどで濾して使う。
・ローズマリーは刻んでおく（a）。チーズは1cm角に切っておく。

刻むと香りが立ち、口当たりがよくなる

作り方
まぜる ボウルに強力粉、きび砂糖、塩を入れてゴムベラでよく混ぜ、イーストを入れてさらに混ぜる。

真ん中にくぼみを作って、トマトジュースとローズマリーを入れ、粉と水分を合わせるようによく混ぜる。ゴムベラについた生地を取り、ボウルの中で生地をまとめる。粉っぽさが完全になくなってべとついてきたら、ぬれぶきんをかける。

↓ 20分

こねる ボウルから生地を出してこねる。べたつきがなくなり、まとまったらこねあがり。

一次発酵 容器に入れて、ぬれぶきんをかけて一次発酵。

↓ 3時間 程度（室温20℃の場合）

2倍くらいの大きさになったら完了。

分割 打ち粉を台にふって、生地をはがしだして8分割。

ベンチタイム 軽く丸めて、うしろはとじない。台に並べ、ぬれぶきんをかける。

↓ 20分

成形 生地をひっくり返して平らにのばす。チーズ15gを真ん中にのせる。包んで丸め直したらうしろをとじて、天板に間隔をあけて並べる。

二次発酵 ぬれぶきんをかけて、ひとまわり大きくなるまで二次発酵。

↓ 50分 程度（室温20℃の場合）

焼く 表面にはけで水を塗り、十字に深く切りこみを入れる。210℃に予熱したオーブンで14〜15分焼く。

枝豆

ビールのおつまみ、といえば枝豆。こどもたちも枝豆ってよく食べますよね、我が家でも塩ゆですると争奪戦になっています。薄皮を取ってつぶすのがすこし手間かもしれませんが、そんなひとつひとつの準備も楽んでみてくださいね。もちろん冷凍の枝豆でも作ることができます。

枝豆の白パン

枝豆と生姜のパン

枝豆とチーズのパン

枝豆

あかちゃんから
枝豆の白パン
12個分

材料
強力粉　300 g
きび砂糖　10 g（大さじ1）
塩　5 g（小さじ1）
ドライイースト　2 g（小さじ½）
枝豆（塩ゆでしてさやから出し薄皮を取る）　60 g
水　185 g

準備
・枝豆はすりばちなどでしっかりとつぶして（a）、水と合わせておく。

作り方

まぜる ボウルに強力粉、きび砂糖、塩を入れてゴムベラでよく混ぜ、イーストを入れてさらに混ぜる。
真ん中にくぼみを作って、合わせた枝豆と水を入れ、粉と水を合わせるようによく混ぜる。ゴムベラについた生地を取り、ボウルの中で生地をまとめる。粉っぽさが完全になくなってべとついてきたら、ぬれぶきんをかける。
↓ 20分
こねる ボウルから生地を出してこねる。べたつきがなくなり、まとまったらこねあがり。
一次発酵 容器に入れて、ぬれぶきんをかけて一次発酵。
↓ 3時間 程度（室温20℃の場合）
2倍くらいの大きさになったら完了。
分割 打ち粉を台にふって、生地をはがしだして12分割。
ベンチタイム 軽く丸めて、うしろはとじない。台に並べ、ぬれぶきんをかける。
↓ 20分
成形 丸め直してうしろをとじる。天板に間隔をあけて並べる。
二次発酵 ぬれぶきんをかけて、ひとまわり大きくなるまで二次発酵。
↓ 50分 程度（室温20℃の場合）
焼く 表面にはけで水を塗り、170℃に予熱したオーブンで12〜13分焼く。

こどもから
枝豆とチーズのパン
（205mlの紙コップで10個分）

材料
強力粉　300 g
きび砂糖　20 g（大さじ2）
塩　5 g（小さじ1）
ドライイースト　2 g（小さじ½）
枝豆（塩ゆでしてさやから出し薄皮を取る）　60 g
水　185 g
角切りチーズ　100 g

準備
・枝豆10粒を飾り用に取っておき、残りはすりばちなどでしっかりとつぶして、水と合わせておく。
・紙コップの大きさに合わせて、オーブンシートを底面の丸と側面の長方形に切って入れておく。

作り方

まぜる ボウルに強力粉、きび砂糖、塩を入れてゴムベラでよく混ぜ、イーストを入れてさらに混ぜる。

真ん中にくぼみを作って、合わせた枝豆と水を入れ、粉と水を合わせるようによく混ぜる。ゴムベラについた生地を取り、ボウルの中で生地をまとめる。粉っぽさが完全になくなってべとついてきたら、ぬれぶきんをかける。

↓ 20分

こねる ボウルから生地を出してこねる。べたつきがなくなり、まとまったらこねあがり。

一次発酵 容器に入れて、ぬれぶきんをかけて一次発酵。

↓ 3時間 程度（室温20℃の場合）

2倍くらいの大きさになったら完了。

分割 打ち粉を台にふって、生地をはがしだして10分割。

ベンチタイム 軽く丸めて、うしろはとじない。台に並べ、ぬれぶきんをかける。

↓ 20分

成形 生地をひっくり返して平らにのばす。チーズ10gを真ん中にのせ、包んで丸め直したらうしろをとじる。紙コップにとじめが底にくるように入れて、天板に並べる。

二次発酵 ぬれぶきんをかけて、ひとまわり大きくなるまで二次発酵。

↓ 50分 程度（室温20℃の場合）

焼く 表面にはけで水を塗り、はさみで1本切りこみを入れて、飾り用の枝豆をうめこむ。200℃に予熱したオーブンで13〜14分焼く。

おとなむけ
枝豆と生姜のパン
6個分

材料
強力粉　300g
きび砂糖　20g（大さじ2）
塩　5g（小さじ1）
ドライイースト　2g（小さじ½）
生姜（すりおろし）　小さじ2
枝豆（ゆでてさやから出して薄皮を取る）　60g
水＋生姜のしぼり汁　185g

準備
・生姜はすりおろし、しぼり汁をわけ、水を加えて185gにする。そこにすりおろした生姜を入れる。

作り方

まぜる ボウルに強力粉、きび砂糖、塩を入れてゴムベラでよく混ぜ、イーストを入れてさらに混ぜる。

真ん中にくぼみを作って、合わせた生姜と水を入れ、粉と水分を合わせるようによく混ぜる。ゴムベラについた生地を取り、ボウルの中で生地をまとめる。粉っぽさが完全になくなってべとついてきたら、ぬれぶきんをかける。

↓ 20分

こねる ボウルから生地を出してこねる。べたつきがなくなり、まとまったらこねあがり。

一次発酵 容器に入れて、ぬれぶきんをかけて一次発酵。

↓ 3時間 程度（室温20℃の場合）

2倍くらいの大きさになったら完了。

分割 打ち粉を台にふって、生地をはがしだして12分割。

ベンチタイム 軽く丸めて、うしろはとじない。台に並べ、ぬれぶきんをかける。

↓ 20分

成形 生地をひっくり返して平らにのばす。枝豆5gを真ん中にのせて包み、丸め直してうしろをとじたら、ふたつの生地をくっつけて天板に並べる。

二次発酵 ぬれぶきんをかけて、ひとまわり大きくなるまで二次発酵。

↓ 50分 程度（室温20℃の場合）

焼く 強力粉（分量外）をふり、ふたつがくっつくようにはさみで切りこみを入れる（a）。200℃に予熱したオーブンで13〜14分焼く。

白練りごま

和え物などに使う、とろっとした白練りごま。他になかなか使い道がない……という方も少なくないのでは？ そんな時はパンに混ぜこんでみてください。油を入れたようなとってもリッチなパンが焼きあがります。しっとりとしたごまの風味のパンを楽しんでください。

白練りごまの白パン

白練りごま桜えびパン

白練りごまベーコンパン

白練りごま

あかちゃんから
白練りごまの白パン
12個分

材料
強力粉　300 g
きび糖　10 g（大さじ1）
塩　5 g（小さじ1）
ドライイースト　2 g（小さじ½）
白練りごま　小さじ1
水　185 g

作り方
まぜる　ボウルに強力粉、きび砂糖、塩を入れてゴムベラでよく混ぜ、イーストを入れてさらに混ぜる。
真ん中にくぼみを作って、白練りごまと水を合わせて入れ、粉と水を合わせるようによく混ぜる。ゴムベラについた生地を取り、ボウルの中で生地をまとめる。粉っぽさが完全になくなってべとついてきたら、ぬれぶきんをかける。

↓ **20分**

こねる　ボウルから生地を出してこねる。べたつきがなくなり、まとまったらこねあがり。

一次発酵　容器に入れて、ぬれぶきんをかけて一次発酵。

↓ **3時間** 程度（室温20℃の場合）

2倍くらいの大きさになったら完了。

分割　打ち粉を台にふって、生地をはがしだして12分割。

ベンチタイム　軽く丸めて、うしろはとじない。台に並べ、ぬれぶきんをかける。

↓ **20分**

成形　丸め直してうしろをとじる。天板に間隔をあけて並べる。

二次発酵　ぬれぶきんをかけて、ひとまわり大きくなるまで二次発酵。

↓ **50分** 程度（室温20℃の場合）

焼く　表面にはけで水を塗り、170℃に予熱したオーブンで12～13分焼く。

こどもから
白練りごまベーコンパン
10個分

材料
強力粉　300 g
きび砂糖　20 g（大さじ2）
塩　5 g（小さじ1）
ドライイースト　2 g（小さじ½）
白練りごま　小さじ1
水　185 g
ベーコン　4枚（100 g）
白煎りごま（仕上げ用）　大さじ4

準備
・ベーコンは細切りにする。

作り方

まぜる ボウルに強力粉、きび砂糖、塩を入れてゴムベラでよく混ぜ、イーストを入れてさらに混ぜる。
真ん中にくぼみを作って、白練りごまと水を合わせて入れ、粉と水を合わせるようによく混ぜる。ゴムベラについた生地を取り、ボウルの中で生地をまとめる。粉っぽさが完全になくなってべとついてきたら、ぬれぶきんをかける。

↓ 20分

こねる ボウルから生地を出してこねる。べたつきがなくなり、まとまったらこねあがり。

一次発酵 容器に入れて、ぬれぶきんをかけて一次発酵。

↓ 3時間 程度（室温20℃の場合）

2倍くらいの大きさになったら完了。

分割 打ち粉を台にふって、生地をはがしだして10分割。

ベンチタイム 軽く丸めて、うしろはとじない。台に並べ、ぬれぶきんをかける。

↓ 20分

成形 生地をひっくり返して平らにのばす。ベーコン10gを真ん中にのせる。包んで丸め直したら、うしろをとじる。表面に分量外の水をはけで塗り、煎りごまを入れた器に生地をつけ、表面にごまをつける（a）。天板に間隔をあけて並べる。

二次発酵 ぬれぶきんをかけて、ひとまわり大きくなるまで二次発酵。

↓ 50分 程度（室温20℃の場合）

焼く 1本はさみで切りこみを入れて、210℃に予熱したオーブンで13〜14分焼く。

おとなむけ

白練りごま桜えびパン

8個分

材料
強力粉　260g
全粒粉　40g
きび砂糖　20g（大さじ2）
塩　5g（小さじ1）
七味唐辛子　小さじ1
ドライイースト　2g（小さじ½）
白練りごま　小さじ1
水　185g
桜えび　15g

すこし外側に切れ目を入れる

作り方

まぜる ボウルに強力粉、全粒粉、きび砂糖、塩、七味唐辛子を入れてゴムベラでよく混ぜ、イーストを入れてさらに混ぜる。
真ん中にくぼみを作って、白練りごまと水を合わせて入れ、粉と水を合わせるようによく混ぜる。ゴムベラについた生地を取り、ボウルの中で生地をまとめる。粉っぽさが完全になくなってべとついてきたら、ぬれぶきんをかける。

↓ 20分

こねる・まぜこむ ボウルから生地を出してこねる。べたつきがなくなり、まとまったらこねあがり。生地を10個に切ってボウルに戻し、桜えびを入れてひとまとめにする。

一次発酵 容器に入れて、ぬれぶきんをかけて一次発酵。

↓ 3時間 程度（室温20℃の場合）

2倍くらいの大きさになったら完了。

分割 打ち粉を台にふって、生地をはがしだして8分割。

ベンチタイム 軽く丸めて、うしろはとじない。台に並べ、ぬれぶきんをかける。

↓ 20分

成形 丸め直してうしろをとじる。天板に間隔をあけて並べる。

二次発酵 ぬれぶきんをかけて、ひとまわり大きくなるまで二次発酵。

↓ 50分 程度（室温20℃の場合）

焼く 全粒粉（分量外）をふり、ナイフで井の字に切りこみを入れる（a）。210℃に予熱したオーブンで14〜15分焼く。

黒練りごま

黒練りごまの色がパン生地にも移り、淡いグレーのパンになります。黒練りごまは分離していることが多いので、最初によく混ぜることをお忘れなく。香ばしい黒ごまの風味に加え、ごまの油のおかげでしっとりとしたパンを、じっくりかみしめながら味わってみてください。

黒練りごまの白パン

黒練りごまチョコナッツパン

黒練りごまと甘栗のパン

黒練りごま

あかちゃんから
黒練りごまの白パン
12個分

材料
強力粉　300g
きび砂糖　10g（大さじ1）
塩　5g（小さじ1）
ドライイースト　2g（小さじ½）
黒練りごま　小さじ1
水　185g

作り方
まぜる ボウルに強力粉、きび砂糖、塩を入れてゴムベラでよく混ぜ、イーストを入れてさらに混ぜる。
真ん中にくぼみを作って、黒練りごまと水を合わせて入れ、粉と水を合わせるようによく混ぜる。ゴムベラについた生地を取り、ボウルの中で生地をまとめる。粉っぽさが完全になくなってべとついてきたら、ぬれぶきんをかける。
↓ 20分
こねる ボウルから生地を出してこねる。べたつきがなくなり、まとまったらこねあがり。
一次発酵 容器に入れて、ぬれぶきんをかけて一次発酵。
↓ 3時間 程度（室温20℃の場合）
2倍くらいの大きさになったら完了。
分割 打ち粉を台にふって、生地をはがしだして12分割。
ベンチタイム 軽く丸めて、うしろはとじない。台に並べ、ぬれぶきんをかける。
↓ 20分
成形 丸め直してうしろをとじる。天板に間隔をあけて並べる。
二次発酵 ぬれぶきんをかけて、ひとまわり大きくなるまで二次発酵。
↓ 50分 程度（室温20℃の場合）
焼く 強力粉（分量外）をふり、170℃に予熱したオーブンで12～13分焼く。

こどもから
黒練りごま
チョコナッツパン
10個分

材料
強力粉　300g
きび砂糖　20g（大さじ2）
塩　5g（小さじ1）
ドライイースト　2g（小さじ½）
黒練りごま　小さじ1
水　185g
ホワイト板チョコ　40g（約1枚）
アーモンドダイス　30g

準備
・板チョコは冷やして包丁で細かく刻んでおく。

a

作り方

まぜる ボウルに強力粉、きび砂糖、塩を入れてゴムベラでよく混ぜ、イーストを入れてさらに混ぜる。

真ん中にくぼみを作って、黒練りごまと水を合わせて入れ、粉と水を合わせるようによく混ぜる。ゴムベラについた生地を取り、ボウルの中で生地をまとめる。粉っぽさが完全になくなってべとついてきたら、ぬれぶきんをかける。

↓ 20分

こねる・まぜこむ ボウルから生地を出してこねる。べたつきがなくなり、まとまったらこねあがり。生地を10個に切り、ボウルに生地とホワイトチョコとアーモンドを入れてひとまとめにする（a）。

一次発酵 容器に入れて、ぬれぶきんをかけて一次発酵。

↓ 3時間 程度（室温20℃の場合）

2倍くらいの大きさになったら完了。

分割 打ち粉を台にふって、生地をはがしだして10分割。

ベンチタイム 軽く丸めて、うしろはとじない。台に並べ、ぬれぶきんをかける。

↓ 20分

成形 丸め直してうしろをとじる。天板に間隔をあけて並べる。

二次発酵 ぬれぶきんをかけて、ひとまわり大きくなるまで二次発酵。

↓ 50分 程度（室温20℃の場合）

焼く 強力粉（分量外）をふり、3本はさみで切りこみを入れる。200℃に予熱したオーブンで13〜14分焼く。

おとなむけ

黒練りごまと甘栗のパン
10個分

材料
強力粉　260g
全粒粉　40g
きび砂糖　20g（大さじ2）
塩　5g（小さじ1）
黒煎りごま　大さじ1
ドライイースト　2g（小さじ½）
黒練りごま　小さじ1
水　185g
甘栗　20粒

準備
・甘栗は半分に割っておく。

作り方

まぜる ボウルに強力粉、全粒粉、きび砂糖、塩、黒煎りごまを入れてゴムベラでよく混ぜ、イーストを入れてさらに混ぜる。

真ん中にくぼみを作って、黒練りごまと水を合わせて入れ、粉と水を合わせるようによく混ぜる。ゴムベラについた生地を取り、ボウルの中で生地をまとめる。粉っぽさが完全になくなってべとついてきたら、ぬれぶきんをかける。

↓ 20分

こねる ボウルから生地を出してこねる。べたつきがなくなり、まとまったらこねあがり。

一次発酵 容器に入れて、ぬれぶきんをかけて一次発酵。

↓ 3時間 程度（室温20℃の場合）

2倍くらいの大きさになったら完了。

分割 打ち粉を台にふって、生地をはがしだして10分割。

ベンチタイム 軽く丸めて、うしろはとじない。台に並べ、ぬれぶきんをかける。

↓ 20分

成形 生地をひっくり返して平らにのばす。甘栗2粒分を真ん中にのせる。包んで丸め直したらうしろをとじて、天板に間隔をあけて並べる。

二次発酵 ぬれぶきんをかけて、ひとまわり大きくなるまで二次発酵。

↓ 50分 程度（室温20℃の場合）

焼く 表面にはけで豆乳（分量外）を塗り、はさみで切りこみをひとつ入れて、200℃に予熱したオーブンで13〜14分焼く。

豆乳

パンといっしょにごくごく飲みたくなる、真っ白い豆乳。パン生地をこねる時、水の代わりに豆乳を入れると、もちもちしてほんのりやさしい甘さのパンになるのです。調整豆乳でも無調整豆乳でも作れますが、どろっと重たい豆乳は避け、さらっとした豆乳を選ぶようにしてくださいね。

豆乳の白パン

豆乳塩あんこパン　　　　　　　　　　　　豆乳とクルミとブルーチーズのパン

豆乳

あかちゃんから
豆乳の白パン
12個分

材料
強力粉　300g
きび砂糖　10g（大さじ1）
塩　5g（小さじ1）
ドライイースト　2g（小さじ½）
無調整豆乳　215g

準備
・豆乳は湯せんで温度調整をする（p.10／a）。

作り方
まぜる ボウルに強力粉、きび砂糖、塩を入れてゴムベラでよく混ぜ、イーストを入れてさらに混ぜる。
真ん中にくぼみを作って豆乳を入れ、粉と豆乳を合わせるようによく混ぜる。ゴムベラについた生地を取り、ボウルの中で生地をまとめる。粉っぽさが完全になくなってべとついてきたら、ぬれぶきんをかける。
↓ 20分
こねる ボウルから生地を出してこねる。べたつきがなくなり、まとまったらこねあがり。
一次発酵 容器に入れて、ぬれぶきんをかけて一次発酵。
↓ 3時間 程度（室温20℃の場合）
2倍くらいの大きさになったら完了。
分割 打ち粉を台にふって、生地をはがしだして12分割。
ベンチタイム 軽く丸めて、うしろはとじない。台に並べ、ぬれぶきんをかける。
↓ 20分
成形 丸め直してうしろをとじる。天板に間隔をあけて並べる。
二次発酵 ぬれぶきんをかけて、ひとまわり大きくなるまで二次発酵。
↓ 50分 程度（室温20℃の場合）
焼く 強力粉（分量外）をふり、170℃に予熱したオーブンで12～13分焼く。

a

こどもから
豆乳塩あんこパン
10個分

材料
強力粉　300g
きび砂糖　20g（大さじ2）
塩　5g（小さじ1）
ドライイースト　2g（小さじ½）
豆乳　215g
こしあん　200g
塩（仕上げ用）　適量

準備
・豆乳は湯せんで温度調整をする。
・あんこは10等分にして丸めておく。

a
左右→上下→斜め対角線の順番で生地をつまんでとじる

64

作り方

まぜる ボウルに強力粉、きび砂糖、塩を入れてゴムベラでよく混ぜ、イーストを入れてさらに混ぜる。

真ん中にくぼみを作って豆乳を入れ、粉と豆乳を合わせるようによく混ぜる。ゴムベラについた生地を取り、ボウルの中で生地をまとめる。粉っぽさが完全になくなってべとついてきたら、ぬれぶきんをかける。

↓ 20分

こねる ボウルから生地を出してこねる。べたつきがなくなり、まとまったらこねあがり。

一次発酵 容器に入れて、ぬれぶきんをかけて一次発酵。

↓ 3時間 程度（室温20℃の場合）

2倍くらいの大きさになったら完了。

分割 打ち粉を台にふって、生地をはがしだして10分割。

ベンチタイム 軽く丸めて、うしろはとじない。台に並べ、ぬれぶきんをかける。

↓ 20分

成形 生地をひっくり返して平らにのばす。あんをひとつ真ん中にのせる。包んで（a）丸め直したらうしろをとじ、天板に間隔をあけて並べる。

二次発酵 ぬれぶきんをかけて、ひとまわり大きくなるまで二次発酵。

↓ 50分 程度（室温20℃の場合）

焼く 表面にはけで豆乳（分量外）を塗り、真ん中にひとさし指でおへそを作り、塩をひとつまみまぶす。200℃に予熱したオーブンで13〜14分焼く。

おとなむけ

豆乳とクルミと ブルーチーズのパン
10個分

材料
強力粉　270 g
全粒粉　30 g
きび砂糖　20 g（大さじ2）
塩　5 g（小さじ1）
黒胡椒　小さじ1
ドライイースト　2 g（小さじ1/2）
豆乳　215 g
くるみ　50 g
ブルーチーズ　50 g
はちみつ（仕上げ用）　適量

準備
・豆乳は湯せんで温度調整をする。
・くるみは4つに割って、香りが出るまでフライパンで煎っておく。

天板もパンも熱いので気をつけて

作り方

まぜる ボウルに強力粉、全粒粉、きび砂糖、塩、黒胡椒を入れてゴムベラでよく混ぜ、イーストを入れてさらに混ぜる。

真ん中にくぼみを作って豆乳を入れ、粉と豆乳を合わせるようによく混ぜる。ゴムベラについた生地を取り、ボウルの中で生地をまとめる。粉っぽさが完全になくなってべとついてきたら、ぬれぶきんをかける。

↓ 20分

こねる・まぜこむ ボウルから生地を出してこねる。べたつきがなくなり、まとまったらこねあがり。生地を10個に切り、ボウルに戻してくるみを入れて、ひとまとめにする。

一次発酵 容器に入れて、ぬれぶきんをかけて一次発酵。

↓ 3時間 程度（室温20℃の場合）

2倍くらいの大きさになったら完了。

分割 打ち粉を台にふって、生地をはがしだして10分割。

ベンチタイム 軽く丸めて、うしろはとじない。台に並べ、ぬれぶきんをかける。

↓ 20分

成形 丸め直してうしろをとじる。天板に間隔をあけて並べる。

二次発酵 ぬれぶきんをかけて、ひとまわり大きくなるまで二次発酵。

↓ 50分 程度（室温20℃の場合）

焼く 表面にはけで水を塗り、ナイフで十字に深く切りこみを入れて200℃に予熱したオーブンで10分焼く。切りこみの真ん中にブルーチーズをのせて、さらに3〜4分焼く。焼けたらはちみつを好きなだけかける。

きな粉

大豆を炒って挽いた、和菓子でよく使われるきな粉。ほんのりとした黄色がかわいくて、香ばしい香りが特徴のきな粉は、他のお豆たちとの相性もとってもいいのです。ここで使うきな粉は、砂糖の入っていないものを使うようにしてくださいね。

きな粉の白パン

ピーナッツきな粉パン　　　　　　　　　　　　　　　　きな粉と金時豆のパン

きな粉

あかちゃんから
きな粉の白パン
12個分

材料
強力粉　300 g
きび砂糖　10 g（大さじ1）
塩　5 g（小さじ1）
きな粉　大さじ2
ドライイースト　2 g（小さじ½）
水　190 g

作り方

まぜる ボウルに強力粉、きび砂糖、塩、きな粉を入れてゴムベラでよく混ぜ、イーストを入れてさらに混ぜる。真ん中にくぼみを作って水を入れ、粉と水を合わせるようによく混ぜる。ゴムベラについた生地を取り、ボウルの中で生地をまとめる。粉っぽさが完全になくなってべとついてきたら、ぬれぶきんをかける。

↓ 20分

こねる ボウルから生地を出してこねる。べたつきがなくなり、まとまったらこねあがり。

一次発酵 容器に入れて、ぬれぶきんをかけて一次発酵。

↓ 3時間 程度（室温20℃の場合）

2倍くらいの大きさになったら完了。

分割 打ち粉を台にふって、生地をはがしだして12分割。

ベンチタイム 軽く丸めて、うしろはとじない。台に並べ、ぬれぶきんをかける。

↓ 20分

成形 丸め直してうしろをとじる。天板に間隔をあけて並べる。

二次発酵 ぬれぶきんをかけて、ひとまわり大きくなるまで二次発酵。

↓ 50分 程度（室温20℃の場合）

焼く きな粉（分量外）をふり、170℃に予熱したオーブンで12〜13分焼く。

こどもから
ピーナッツきな粉パン
10個分

材料
強力粉　300 g
きび砂糖　20 g（大さじ2）
塩　5 g（小さじ1）
きな粉　大さじ2
ドライイースト　2 g（小さじ½）
水　190 g
ピーナッツ　70 g
きな粉（仕上げ用）　大さじ2
きび砂糖（仕上げ用）　大さじ2

準備

・ピーナッツは縦半分に割っておく。

・仕上げ用のきな粉ときび砂糖はよく混ぜておく。

作り方

まぜる ボウルに強力粉、きび砂糖、塩、きな粉を入れてゴムベラでよく混ぜ、イーストを入れてさらに混ぜる。真ん中にくぼみを作って水を入れ、粉と水を合わせるようによく混ぜる。ゴムベラについた生地を取り、ボウルの中で生地をまとめる。粉っぽさが完全になくなってべとついてきたら、ぬれぶきんをかける。

↓ 20分

こねる・まぜこむ ボウルから生地を出してこねる。べたつきがなくなり、まとまったらこねあがり。生地を10個に切り、ボウルに戻してピーナッツを入れて、ひとまとめにする。

一次発酵 容器に入れて、ぬれぶきんをかけて一次発酵。

↓ 3時間 程度（室温20℃の場合）

2倍くらいの大きさになったら完了。

分割 打ち粉を台にふって、生地をはがしだして10分割。

ベンチタイム 軽く丸めて、うしろはとじない。台に並べ、ぬれぶきんをかける。

↓ 20分

成形 丸め直してうしろをとじる。天板に間隔をあけて並べる。

二次発酵 ぬれぶきんをかけて、ひとまわり大きくなるまで二次発酵。

↓ 50分 程度（室温20℃の場合）

焼く きな粉ときび砂糖をたっぷりまぶす。はさみで1か所切りこみを入れて、190℃に予熱したオーブンで13〜14分焼く。

おとなむけ
きな粉と金時豆のパン
10個分

材料
強力粉　300g
きび砂糖　20g（大さじ2）
塩　5g（小さじ1）
きな粉　大さじ2
ドライイースト　2g（小さじ½）
水　190g
金時豆　200g
きな粉（金時豆用）　大さじ1

準備
・金時豆は汁気をしっかりとふいて、大さじ1のきな粉と混ぜ合わせておく。

作り方

まぜる ボウルに強力粉、きび砂糖、塩、きな粉を入れてゴムベラでよく混ぜ、イーストを入れてさらに混ぜる。真ん中にくぼみを作って水を入れ、粉と水を合わせるようによく混ぜる。ゴムベラについた生地を取り、ボウルの中で生地をまとめる。粉っぽさが完全になくなってべとついてきたら、ぬれぶきんをかける。

↓ 20分

こねる ボウルから生地を出してこねる。べたつきがなくなり、まとまったらこねあがり。

一次発酵 容器に入れて、ぬれぶきんをかけて一次発酵。

↓ 3時間 程度（室温20℃の場合）

2倍くらいの大きさになったら完了。

分割 打ち粉を台にふって、生地をはがしだして10分割。

ベンチタイム 軽く丸めて、うしろはとじない。台に並べ、ぬれぶきんをかける。

↓ 20分

成形 生地をひっくり返して平らにのばす。金時豆20gを真ん中にのせる（a）。包んでから手のひらで平らにして、丸め直してうしろをとじる。天板に間隔をあけて並べる。

二次発酵 ぬれぶきんをかけて、ひとまわり大きくなるまで二次発酵。

↓ 50分 程度（室温20℃の場合）

焼く 豆乳（分量外）をはけで塗り、200℃に予熱したオーブンで13〜14分焼く。

おから

豆腐を作る過程でできるおから。おからといえば、卯の花を作る方が多いのではないでしょうか。おからを生地に練りこんで、栄養たっぷりなパンを作ってみましょう。

おからの白パン

おからのたくあん入りぺたんこパン

おからとチョコレートのパン

おから

あかちゃんから
おからの白パン
12 個分

材料
強力粉　300 g
きび砂糖　10 g（大さじ 1）
塩　5 g（小さじ 1）
ドライイースト　2 g（小さじ ½）
おから　100 g
水　160 g

基本のパン生地よりも発酵はゆっくり

作り方

まぜる ボウルに強力粉、きび砂糖、塩を入れてゴムベラでよく混ぜ、イーストを入れてさらに混ぜる。
真ん中にくぼみを作って、おからと水を合わせて入れ、粉と水を合わせるようによく混ぜる。ゴムベラについた生地を取り、ボウルの中で生地をまとめる。粉っぽさが完全になくなってべとついてきたら、ぬれぶきんをかける。

↓ 20 分

こねる ボウルから生地を出してこねる。べたつきがなくなり、まとまったらこねあがり。
一次発酵 容器に入れて、ぬれぶきんをかけて一次発酵。

↓ 3 時間 程度（室温 20℃の場合）

2 倍くらいの大きさになったら完了（a）。
分割 打ち粉を台にふって、生地をはがしだして 12 分割。
ベンチタイム 軽く丸めて、うしろはとじない。台に並べ、ぬれぶきんをかける。

↓ 20 分

成形 丸め直してうしろをとじる。天板に間隔をあけて並べる。
二次発酵 ぬれぶきんをかけて、ひとまわり大きくなるまで二次発酵。

↓ 50 分 程度（室温 20℃の場合）

焼く 表面にはけで水を塗り、170℃に予熱したオーブンで 12 ～ 13 分焼く。

こどもから
おからと
チョコレートのパン
8 個分

材料
強力粉　300 g
きび砂糖　20 g（大さじ 2）
塩　5 g（小さじ 1）
ココアパウダー　大さじ 1
ドライイースト　2 g（小さじ ½）
おから　100 g
水　160 g
板チョコ　50 g（約 1 枚）
板チョコ（飾り用）　8 個

準備
・板チョコは冷やして、包丁で細かく刻んでおく。
・飾り用のチョコは、板チョコの形のとおりに割る。

作り方

まぜる ボウルに強力粉、きび砂糖、塩、ココアパウダーを入れてゴムベラでよく混ぜ、イーストを入れてさらに混ぜる。

真ん中にくぼみを作って、おからと水を合わせて入れ、粉と水を合わせるようによく混ぜる。ゴムベラについた生地を取り、ボウルの中で生地をまとめる。粉っぽさが完全になくなってべとついてきたら、ぬれぶきんをかける。

↓ 20分

こねる・まぜこむ ボウルから生地を出してこねる。べたつきがなくなり、まとまったらこねあがり。生地を10個に切りボウルに戻して刻んだ板チョコを入れてひとまとめにする。

一次発酵 容器に入れて、ぬれぶきんをかけて一次発酵。

↓ 3時間 程度（室温20℃の場合）

2倍くらいの大きさになったら完了。

分割 打ち粉を台にふって、生地をはがしだして8分割。

ベンチタイム 軽く丸めて、うしろはとじない。台に並べ、ぬれぶきんをかける。

↓ 20分

成形 丸め直してうしろをとじる。天板に間隔をあけて並べる。

二次発酵 ぬれぶきんをかけて、ひとまわり大きくなるまで二次発酵。

↓ 50分 程度（室温20℃の場合）

焼く 表面にはけで水を塗り、ナイフで1本切りこみを入れたら、飾り用のチョコレートをひとつずつしっかりとうめこむ（a）。200℃に予熱したオーブンで14〜15分焼く。

おとなむけ

おからの たくあん入り ぺたんこパン
8個分

材料
強力粉　300ｇ
きび砂糖　20ｇ（大さじ2）
塩　5ｇ（小さじ1）
ドライイースト　2ｇ（小さじ½）
おから　100ｇ
水　160ｇ
たくあん　120ｇ
白煎りごま（仕上げ用）　適量

準備
・たくあんは細切りにして15ｇずつにしておく。

作り方

まぜる ボウルに強力粉、きび砂糖、塩を入れてゴムベラでよく混ぜ、イーストを入れてさらに混ぜる。

真ん中にくぼみを作って、おからと水を合わせて入れ、粉と水を合わせるようによく混ぜる。ゴムベラについた生地を取り、ボウルの中で生地をまとめる。粉っぽさが完全になくなってべとついてきたら、ぬれぶきんをかける。

↓ 20分

こねる ボウルから生地を出してこねる。べたつきがなくなり、まとまったらこねあがり。

一次発酵 容器に入れて、ぬれぶきんをかけて一次発酵。

↓ 3時間 程度（室温20℃の場合）

2倍くらいの大きさになったら完了。

分割 打ち粉を台にふって、生地をはがしだして8分割。

ベンチタイム 軽く丸めて、うしろはとじない。台に並べ、ぬれぶきんをかける。

↓ 20分

成形 生地をひっくり返して平らにのばす。たくあん15ｇを真ん中にのせる。包んで丸め直したらうしろをとじ、天板にすこし広めに間隔をあけて並べる。

二次発酵 ぬれぶきんをかけて、ひとまわり大きくなるまで二次発酵。

↓ 50分 程度（室温20℃の場合）

焼く 表面にはけで水を塗り、真ん中にごまをまぶしたら上からオーブンシートをのせ、もう一枚の天板をのせてはさみ焼きにする（a）。200℃に予熱したオーブンで14〜15分焼く。

レーズン

甘さがぎゅっと詰まったレーズン。お湯で洗うことでふっくらとやわらかくなり、すりばちなどでもつぶしやすくなります。洗ったレーズンはペーパータオルなどに広げて、しっかりと水気をふきとるようにしてくださいね。

レーズンの白パン

デザイン　辻 祥江
写真　　　梛木 功
編集　　　村上妃佐子（アノニマ・スタジオ）

材料協力　富澤商店
　　　　　http://www.tomizawa.co.jp/

はじめてのパンづくり
あかちゃん、こども、おとなのパン
2015年10月13日　初版第1刷 発行

著者　　　幸栄
発行人　　前田哲次
編集人　　谷口博文
発行所　　アノニマ・スタジオ
　　　　　〒111-0051　東京都台東区蔵前2-14-14　2F
　　　　　TEL. 03-6699-1064　FAX 03-6699-1070
発売元　　KTC中央出版
　　　　　〒111-0051　東京都台東区蔵前2-14-14　2F
印刷・製本　廣済堂

内容に関するお問い合わせ、ご注文などはすべて上記アノニマ・スタジオまでお願いします。
乱丁本、落丁本はお取替えいたします。本書の内容を無断で複製、複写、放送、データ
配信などをすることは、かたくお断りいたします。定価はカバーに表示してあります。
©2015 Yukie Printed in Japan　ISBN 978-4-87758-743-7 C2077

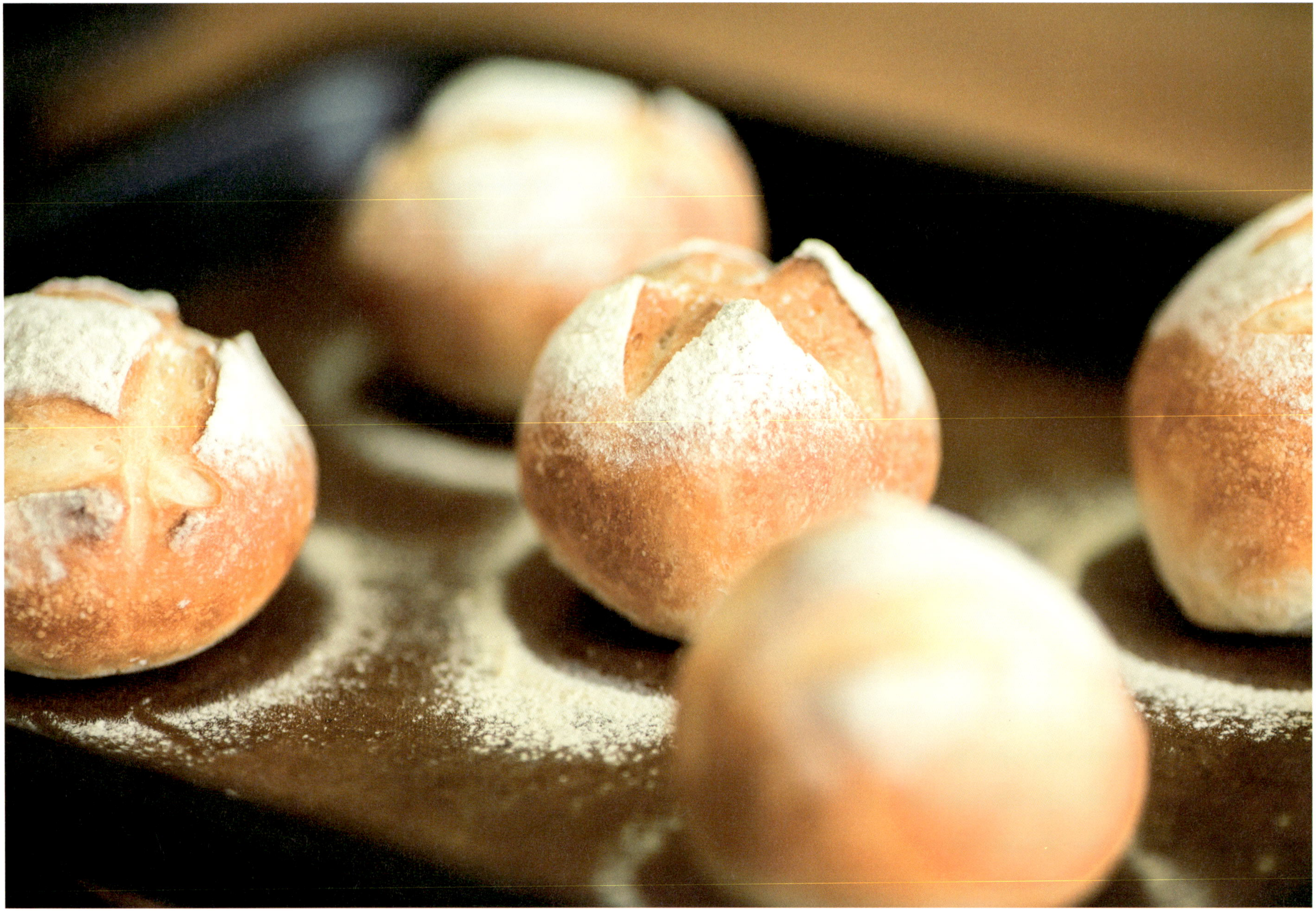

仕上がりいろいろ

仕上げ方をちょっと工夫すると、
こんなにたくさんの表情のパンが焼けます。
あなたの好みはどれですか？

= ナイフで2本切りこみ

× ナイフで十字切りこみ

≡ ナイフで3本切りこみ

井 ナイフで井の字切りこみ

／ はさみで1本切りこみ

・ ゆびでおへそ

＋ はさみで十字切りこみ

≡ はさみで3本切りこみ

Q 生地がベタベタして成形できないときはどうしたらいいですか?

A 打ち粉を使いましょう。
一次発酵後にベタベタして成形しづらい時は、打ち粉を使って調整してください。それでもうまくいかない時は、丸めずに、切りっぱなしで二次発酵をとって焼いても大丈夫。丸い形ではなくても、美味しいパンは出来ますよ。

Q パン作りが上手になるには?

A 何度も焼くこと!
頭でばかり考えずに、楽しんで何度もくり返し焼くことが一番の近道。からだでパン作りを覚えてくださいね。

Q 強力粉やイーストの種類を変えても焼けますか?

A 種類によって、粉は水分量やまとまり方、イーストは発酵時間などが変わります。
はじめての方でも作りやすいよう、手に入りやすい一般的なものでレシピを考えました。生地に触って慣れてきたら、他の粉やイーストで挑戦してみてくださいね。

Q うまくいかなかった原因を教えてください。

A

●パンがかたい！
しっかりとオーブンの予熱をしましたか？"高温短時間"が理想なので、予熱をしていないと温度が上がりきらないまま焼いてしまい、かたくなってしまいます。

●上だけ焦げて、側面は白いです
パン生地を間隔をあけてのせましたか？熱のまわりがよくなかったのかもしれません。1枚の天板にぎゅうぎゅうにのせずに、半分ずつ2回にわけて焼くと、側面にも焼き色がつきやすくなりますよ。

●焼き色がなかなかつかない
発酵時間を長くとりすぎたかも？発酵を長くとりすぎる「過発酵」だと、いくら焼いても焼き色がつかず、味わいもなんとなく物足りないパンになってしまいます。この本のレシピはイーストが少ないので、かなりの長時間でなければ過発酵にはなりません。

Q 冷蔵庫で発酵させてもいいですか？

A あまりおすすめしません。
すこし発酵時間をのばしたいときに、一次発酵の段階で冷蔵庫に入れて生地の温度を下げる、という方法は便利ですが、やみくもに入れることはおすすめしません。発酵は、温度が下がればゆっくり、上がればかけ足になります。

パンづくり Q&A

パンを作れば作るほど、どんどん質問がふえてきます。
すっきり解決するとパン作りがもっと楽しくなりますよ。
生徒さんから多い質問にお答えします。

Q パンの発酵とはなんですか？

A 熟成させながら、生地がふくらむのを待つことです。小麦粉と水とイースト菌が混ざるとガスが発生し、それで生地が膨らみます。熟成されながら、様々なうまみが生まれてくるので、じっくりと時間をかけて発酵したほうが、より味わい深いパンになります。

Q イーストを増やすとどうなるの？

A 早く焼けますが、おいしくありません。
イーストが多すぎると、短時間でパンが発酵します。熟成される時間が十分にないままパンを焼くので、パサパサとしたうまみの少ないものになってしまいます。せっかく材料をそろえてパンを焼くので、おいしいパンを楽しんでほしいです。

Q 生地が膨らまないときはどうすればいい？

A 寒い日や気温が低い日など、生地の温度が下がりやすい日は、発酵が進みづらいことがあります。そんな時は生地の温度を上げて、発酵をすすめる手助けをしてあげましょう。
一次発酵のときは40℃前後の湯せんで一度生地をあたためると、生地の温度がゆっくりと上がりながら発酵が進みます。二次発酵のときは、熱湯を入れたバットの上に天板をのせて、天板が温まるように工夫をしてみてください。ホットカーペットやこたつなど過度な高温は避けましょう。

Q パンづくりで一番気をつけることは？

A 一番の大敵は乾燥です。乾いてしまった生地は元には戻りませんし、焼き上がりもかたい食感になってしまいます。どの工程でも、生地が乾かないように、必ずぬれぶきんをかけましょう。

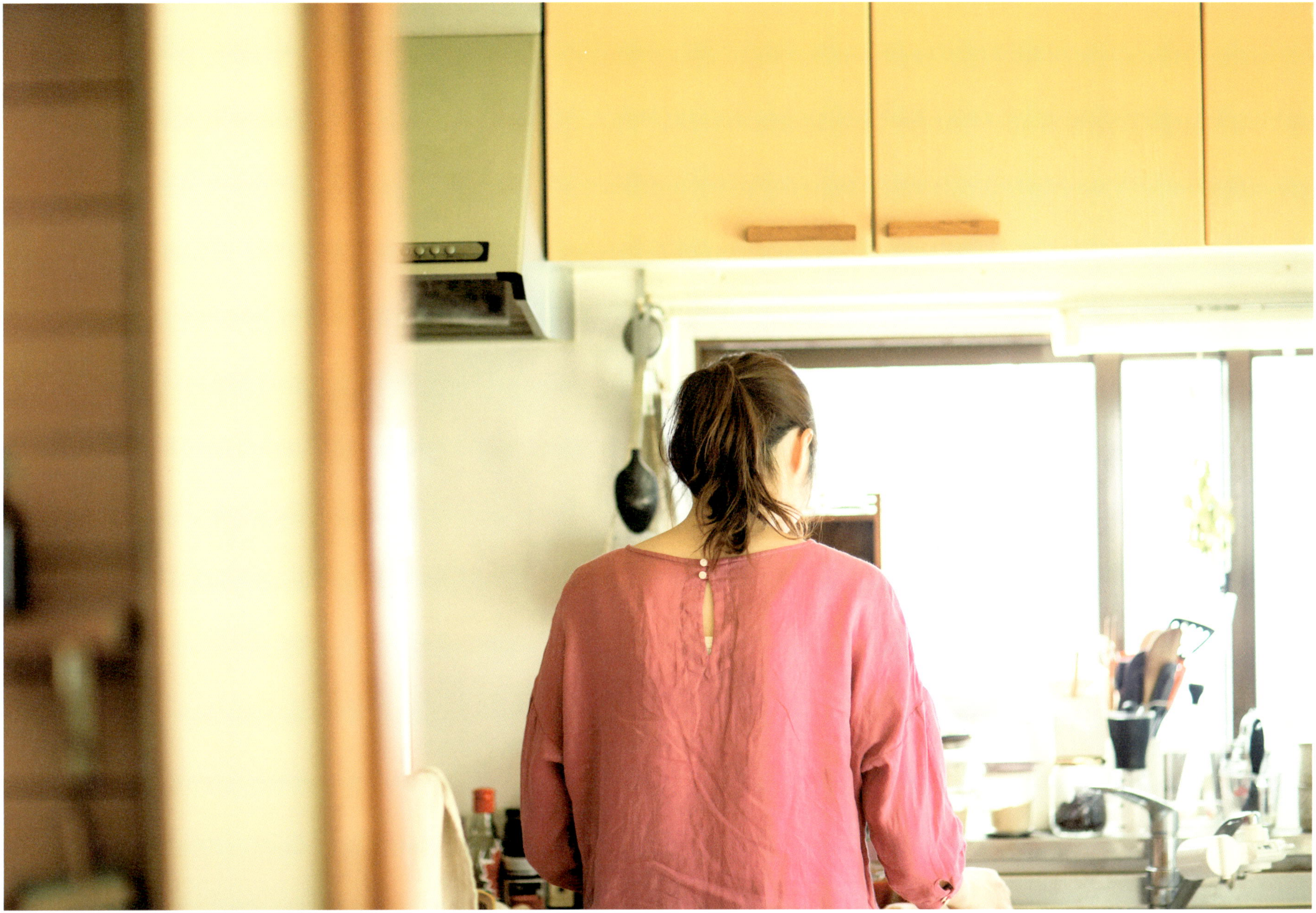

作り方

まぜる ボウルに強力粉、きび砂糖、塩を入れてゴムベラでよく混ぜ、イーストを入れてさらに混ぜる。
真ん中にくぼみを作って水を入れ、粉と水を合わせるようによく混ぜる。ゴムベラについた生地を取り、ボウルの中で生地をまとめる。粉っぽさが完全になくなってべとついてきたら、ぬれぶきんをかける。

↓ 20分

こねる・まぜこむ ボウルから生地を出してこねる。べたつきがなくなり、まとまったらこねあがり。生地を10個に切りボウルに戻してレーズンを入れてひとまとめにする。

一次発酵 容器に入れて一次発酵。

↓ 3時間 程度（室温20℃の場合）

2倍くらいの大きさになったら完了。

分割 打ち粉を台にふって、生地をはがしだして10分割。

ベンチタイム 軽く丸めて、うしろはとじない。台に並べ、ぬれぶきんをかける。

↓ 20分

成形 丸め直してうしろをとじる。天板に間隔をあけて並べる。

二次発酵 ぬれぶきんをかけて、ひとまわり大きくなるまで二次発酵。

↓ 50分 程度（室温20℃の場合）

焼く 表面にはけで豆乳（分量外）を塗ってスライスアーモンドを飾り、きび砂糖（分量外）をスプーンで多めにふりかける。200℃に予熱したオーブンで13〜14分焼く。

おとなむけ

スパイシーレーズンパン
8個分

材料
強力粉　260g
全粒粉　40g
きび砂糖　20g（大さじ2）
塩　5g（小さじ1）
シナモンパウダー　小さじ½
カルダモンパウダー　小さじ½
ジンジャーパウダー　小さじ½
ドライイースト　2g（小さじ½）
レーズン　80g
水　175g

準備
・レーズンはお湯で洗って水気をしっかりふいたら、すりばちなどでつぶしておく。

a

このうち2種類でもよい

作り方

まぜる ボウルに強力粉、全粒粉、きび砂糖、塩、スパイス3種類（a）を入れてゴムベラでよく混ぜ、イーストを入れてさらに混ぜる。
真ん中にくぼみを作って、レーズンと水を合わせて入れ、粉と水を合わせるようによく混ぜる。ゴムベラについた生地を取り、ボウルの中で生地をまとめる。粉っぽさが完全になくなってべとついてきたら、ぬれぶきんをかける。

↓ 20分

こねる ボウルから生地を出してこねる。べたつきがなくなり、まとまったらこねあがり。

一次発酵 容器に入れて一次発酵。

↓ 3時間 程度（室温20℃の場合）

2倍くらいの大きさになったら完了。

分割 打ち粉を台にふって、生地をはがしだして8分割。

ベンチタイム 軽く丸めて、うしろはとじない。台に並べ、ぬれぶきんをかける。

↓ 20分

成形 丸め直してうしろをとじる。天板に間隔をあけて並べる。

二次発酵 ぬれぶきんをかけて、ひとまわり大きくなるまで二次発酵。

↓ 50分 程度（室温20℃の場合）

焼く 全粒粉（分量外）をふり、ナイフで5本切りこみを入れて、210℃に予熱したオーブンで14〜15分焼く。

レーズン

あかちゃんから

レーズンの白パン
12個分

材料
強力粉　300 g
きび砂糖　10 g（大さじ1）
塩　5 g（小さじ1）
ドライイースト　2 g（小さじ½）
レーズン　60 g
水　175 g

準備
・レーズンはお湯で洗って水気をしっかりふいたら、すりばちなどでつぶしてペースト状にしておく（a）。

作り方

まぜる　ボウルに強力粉、きび砂糖、塩を入れてゴムベラでよく混ぜ、イーストを入れてさらに混ぜる。真ん中にくぼみを作ってレーズンと水を合わせて入れ、粉と水を合わせるようによく混ぜる。ゴムベラについた生地を取り、ボウルの中で生地をまとめる。粉っぽさが完全になくなってべとついてきたら、ぬれぶきんをかける。
↓ 20分

こねる　ボウルから生地を出してこねる。べたつきがなくなり、まとまったらこねあがり。

一次発酵　容器に入れて一次発酵。
↓ 3時間 程度（室温20℃の場合）
2倍くらいの大きさになったら完了。

分割　打ち粉を台にふって、生地をはがしだして12分割。

ベンチタイム　軽く丸めて、うしろはとじない。台に並べ、ぬれぶきんをかける。
↓ 20分

成形　丸め直してうしろをとじる。天板に間隔をあけて並べる。

二次発酵　ぬれぶきんをかけて、ひとまわり大きくなるまで二次発酵。
↓ 50分 程度（室温20℃の場合）

焼く　表面にはけで水を塗り、170℃に予熱したオーブンで12～13分焼く。

こどもから

レーズンとアーモンドのパン
10個分

材料
強力粉　300 g
きび砂糖　20 g（大さじ2）
塩　5 g（小さじ1）
ドライイースト　2 g（小さじ½）
水　185 g
レーズン　80 g
スライスアーモンド（飾り用）　適量
きび砂糖（仕上げ用）　適量

準備
・レーズンはお湯で洗い、水気をしっかりとふいておく。

スパイシーレーズンパン

レーズンとアーモンドのパン